城市社区"重层结构"的理论逻辑与治理创新

薛文龙　刘　博　著

吉林大学出版社

·长　春·

图书在版编目(CIP)数据

城市社区"重层结构"的理论逻辑与治理创新 / 薛
文龙，刘博著. —长春：吉林大学出版社，2023.11
　ISBN 978-7-5768-2661-6

　Ⅰ.①城… Ⅱ.①薛… ②刘… Ⅲ.①城市—社区管
理—研究—中国 Ⅳ.①D669.3

　中国国家版本馆 CIP 数据核字(2023)第 232817 号

书　　　名：城市社区"重层结构"的理论逻辑与治理创新
　　　　　　CHENGSHI SHEQU"CHONGCENG JIEGOU"DE LILUN LUOJI YU ZHILI CHUANGXIN

作　　　者：薛文龙　刘博著
策 划 编 辑：黄国彬
责 任 编 辑：张维波
责 任 校 对：王默涵
装 帧 设 计：姜　文
出 版 发 行：吉林大学出版社
社　　　址：长春市人民大街 4059 号
邮 政 编 码：130021
发 行 电 话：0431－89580036/58
网　　　址：http：//www.jlup.com.cn
电 子 邮 箱：jldxcbs@sina.com
印　　　刷：天津鑫恒彩印刷有限公司
开　　　本：787mm×1092mm　　1/16
印　　　张：12.5
字　　　数：190 千字
版　　　次：2025 年 1 月　第 1 版
印　　　次：2025 年 1 月　第 1 次
书　　　号：ISBN 978-7-5768-2661-6
定　　　价：68.00 元

序

进入 21 世纪第二个十年，伴随着我国由社会管理向社会治理的转变，学界开始关注城乡社会治理与基层社会结构等基本理论问题的研究，以探寻中国传统社会基层结构的特质及其复杂的阶段性演变。值得注意的是，迄今为止，在此问题的研究中，众多研究者始终因未能找到相关的核心理论概念命题提炼而倍感困惑。如何通过一个带有一定抽象度的理论概念来概括城乡基层社会结构的核心特质，并以此统辖基层社会治理研究，成为当下基层社会治理研究最为重要的理论任务。2011 年，我与本书作者之一的薛文龙，曾借鉴日本学界的相关研究，在《"后单位社会"基层社会治理及运行机制研究》(刊于《学术研究》2015 年第 2 期)一文中率先使用了"重层结构"概念，用来作为分析理解中国当下基层社会治理的框架性概念，在学界产生了一定的影响。此后，我们在接续的研究项目和论文中，继续展开探索，取得了一些重要的研究成果。但应该指出的是，重层结构依然是一个有待进一步深入阐释和挖掘的重要概念。

笔者之所以在这里反复强调重层结构概念对基层社会治理研究的重要性，主要是因为：一方面，用"重层结构"的视角审视中国基层社会结构的新变动、新趋向，具有重要的理论意义。在理论上，在原有的国家—社会关系的分析框架中，国家与社会被置于二元对立的关系中，从总体性社会到市民社会，在基层社会治理研究中容易走向国家力量与社会力量非此即彼的矛盾关系。在 20 世纪末期，很多学者都认识到中国基层社会中国家力量与社会并未出现显著的分离，因此强调国家与社会的交互形态。在这一方面，黄宗智的"国家与社会之间的第三领域"研究尤其具有启发意义，他进一步将这一判断概括为"中国古今国家与社会的二元合一"。但已有研究对于基层国家与社会的互动方式、路径、机制等方面的探讨仍未深入，因此，"重层结构"的分析视角能够为基层社会中多元力量互动提供一个解释框架，并在此基础上为中国基层社会形态演进提供更具解释力的理论视角。另一方面，"重层结构"的分析同样具有实践意义，在新时代推进基层社会治理体系和治理能力现代化中，其内涵自然包括治理机制和制度的创新，但在网格化管理已经在基层普遍推广的基础上，各地区虽然普遍进行了广泛的、眼花缭乱的治理创新探索，但尚未出现具有普遍性和推广性的制度尝试。在对基层社会治理的研究中，从"三社联动"到"五社联动"，关于基层社会中多元力量互动的机制及优化，协作、协动、联动、协同等描述性研究甚多，但对于具体机制和制度的指导意义仍存在不足，"重层结构"的研究能够在此基础上为基层治理创新提供借鉴和指导。此外，重层结构对新时代的乡村治理和乡村振兴命题具有指导意义。在当前已经完成史无前例的脱贫攻坚战胜利的背景下，如何做好脱贫攻坚与乡村振兴的衔接已经是当前乡村治理中最为重要的工作。尽管乡村社会与城市社区的发展面临的问题不尽相同，但同样出现了多元力量如何融入基层乡村之中的议题，受行政管理体制、自然村传统、集体经济形式等因素的影响，乡村中的行政村与自然村内部存在着不同的主体和不同特质的关系结构，其不同的结构系统作用于社会治理共同体构建的具体进程中，会生发出不同的治理效果。因此，只有将乡村治理空间中的复杂主体关系置于乡村社会"重层结构"的框架中加以探究，才能够揭示乡村社会治理共同体得以有效建构的可行路径。

前些时日，笔者收到薛文龙和刘博两位作者发来的题为《城市社区"重层结构"的理论逻辑与治理创新》的书稿，叮嘱我作序，大体阅读后，笔者认为，这是近年来系统阐释重层结构概念的系统性力作，值得向学界推荐。在我看来，该部专著具有以下几个重要特点：

首先，完善了对"重层结构"中国化概念和解释体系的阐释。作者将重层结构看作一种动态的、因国家与社会的双向互动而产生的基层社会形态，兼有国家性与社会性的双重性质。它并非一个与国家、社会并列的独立领域，而是依赖二者而存在的。而且它处于国家与社会之间，如果将国家与社会个体之间的连接看作是一个呈上下梯次分布的结构的话，那么重层结构便位于其中，而且它会随着国家与社会力量的消长、互动类型的变化而上下移动。重层结构能够准确地表达当前基层社会中多元权力主体协同治理的现实样态，正是在这种动态交互的权力运作方式中，国家才能充分吸收多元社会力量充分参与，有效克服管控式的官僚主义和科层制的僵化运作，推动构建城市基层社会治理现代化的实现。就当下中国社会基层的重层结构而言，这一结构是 20 世纪 80 年代以来伴随着单位社会的解体和社区建设展开而形成的，其本质是因国家与社会力量在基层的相互融合，进而衍生出双方共同发挥作用的领域，多元的行动逻辑在重层结构中相互交织。重层结构是一种新的社区理想类型，更加贴近后单位时期基层社区中国家与社会关系的本质特征。

其次，本书以单元专题的形式，通过社区禀赋、社会资本、空间视角、社区动员等多重视角对重层结构进行了充分分析。作为新中国成立之后国家力量深耕多年的实践场域，重层结构蕴藏着丰富的正式或非正式组织机制、运作方式和经验性、社会性的行动模式，它们共同构成了对社会治理行动的经验性支持，是治理行动可资利用的资源和力量，其治理禀赋的特征十分明显。同时，重层结构中基于信任、互惠、凝聚力和社会网络的耗散而导致社区社会资本衰减，当前社区治理创新就需要动员社区居民积极参与社区活动，通过内外部的互惠、信任和互动的社区行动提升社会资本。此外，重层结构中的社区动员模式面临着复杂和弱化的困境。基于 L 社区抗争运动的案例研究发现，以社区动员的内卷化、精英替代和话语体系多元为表征的动员困境的生成恰与"国家—单位—个人"的社会整合方式向"国家—社区—个人"的新型整合框架转型相同步。

再次，紧扣时代意涵、回应时代发展主题及要求。立足于东北老工业基地城市社区的实践调研，重点考察网格化管理、街居制等不同类型社区中的治理绩效和面临的现实困境，探析重层结构的运作方式，进而总结出与重层结构相适应的协调、稳定机制及建构路径。如构建权力边界更加清晰完善的赋权式动员以推动社区动员方式重塑，通过创新社区管理机制、发展社区社会组织、培育社区公共精神和优化社区软硬件环境等举措协同推进社区治理创新的实践进路。在社区空间治理方面打造公共性的社区空间网络、强化社区空间自主性、破除约束社区治理网络空间的体制性因素等。此外，本书还讨论了社会工作作为一种服务性治理手段助力重层结构内部的治理目标最大化的作用和路径，认为无论是价值理念还是专业追求，社会工作都与基层治理能力和治理体系现代化存在着一致性和契合性，可通过双向嵌入推动社会工作在基层治理的本土融合、联动机制、专业成效等方面影响，以畅通社会工作提升基层社区治理能力的路径。

本书的作者薛文龙和刘博都是吉林大学社会学博士点的博士毕业生，二人接受了社会学专业本硕博贯通式的学术训练，具有较为厚重的知识积累，同时也拥有突出的田野调查能力，他们在博士在读期间业已取得较为丰硕的研究成果。二人博士毕业工作后，继续潜心研究，成为富于思辨的青年新锐学者，并通力合作，在基层社会治理的重层结构研究方面做出了阶段性的重要探索。作为二人的导师，本人自然异常欣慰。希望二人以此为契机，继续努力探求，争取在此领域取得更加突出的进步，为构建起具有中国特色的基层社会治理结构做出自己的贡献。

田毅鹏

2023 年 11 月 18 日

目　　录

第一章　导论

第一节　研究背景及意义

一、研究背景

党的二十大报告指出，"完善社会治理体系。健全共建共治共享的社会治理制度，提升社会治理效能"，"畅通和规范群众诉求表达、利益协调、权益保障通道"，"建设人人有责、人人尽责、人人享有的社会治理共同体"。自党的十九届四中全会提出社会治理是国家治理的重要方面之后，各地纷纷开展了完善社会治理体制、强化社会治理效能、创新社会治理手段、共享社会治理成果的实践探索，并形成了诸多社会治理的样态与创新模式。在此基础上，2021年，中共中央、国务院又进一步提出了加强基层治理体系和治理能力现代化建设这一号召。显然，随着社会治理水平和治理能力的进一步发展，基层社会已经成为社会治理创新的重心。而城市社区是基层社会重要的组成部分，但相较于党的十八届三中全会提出社会治理之前，中国的基层城市社区已经发生了显著的变化。首先，城市社区的复杂性和不确定性增加，出现了很多新的公共事务领域和管理事项，加大了社会风险治理的难度，基层政府无法再用传统的管理和控制手段来解决问题。其次，城市社区的居民由传统的群众向现代公民转变，他们的权利意识和公共参与意识都有了前所未有的提升。加强基层治理体系和治理能力现代化建设正是为了应对上述的城市社区新变化，只有充分调动社区居民和多元治理主体的积极性，提升社会活力，在社会管理中真正做到尊重人、信任人、服务人、依靠人，建构成熟的多元社会主体的合作治理体制，才能实现基层社会的善治和良治。

在学术研究方面，在历经社区建设、社区自治等研究之后，已有的城市社区研究亟须进一步推进，在城市社区的结构、运作机制、优化路径等方面形成更加富有想象力和启发性的理论体系，从而推动基层社会治理研究。为此，我们提出"重层结构"这一概念，并试图用这一概念把握当前城市社区的基本结构和特征，并从中探讨城市社区中蕴含的治理禀赋和克服机制，从而为当前的城市基层治理创新和共建共治共享的社会治理共同体的实现提供新的治理路径和实践逻辑。

二、研究意义

在新时期我国推动国家治理体系和治理能力现代化的实践中，基层社会的治理是重中之重。但随着社会发展和人民需要的日益增多，基层社会中的治理实践却面临众多复杂的问题和挑战，深化基层社会内部结构的研究是当前学界亟待推进的一个研究方面。在已有的研究中，大多从国家与社会关系范式出发探索基层社会中的互动结构，也有学者试图破除二元对立的观点而提出"国家与社会间的第三领域"，对基层社会内部的互动结构解释仍存在不足，本研究试图从基层社会中的重层结构这一概念出发，把握基层社会中国家性与社会性的双重性质和国家与社会力量动态的互动方式，以推动对基层社会的理论认知，为建设社会治理共同体提供新的实践路径。本研究的主要意义在于拓展植根于本土经验的基层社会结构研究，具体体现在以下三个方面。

(1)从"国家—社会"关系的研究视角出发，将"基层社会中的重层结构"引入分析系统，对城市社区的运作结构及特征进行深入剖析，可弥补已有研究中视角的单一化和局限性，在深化基层社会结构认知的同时，亦可拓展植根于本土经验的基层治理经验研究。

(2)面向具体的、真实的城市社区运作过程进行分析，将基层治理中的行政性主体、社会性主体、营利性主体三者研究统合在一起，深入研究城市社区内部的高度复杂性和不确定性，在分析城市社区内部治理问题的基础上从模式创新和机制创新两个方面提出基层治理创新的路径。

（3）以长时段的过程性研究克服当前社区治理研究的碎片化，将中华人民共和国成立前的 30 年和后 40 年两个时期的城市基层社区治理置于统一的理论分析脉络之下加以考察，注意寻找中华人民共和国成立后城市治理经验的连续性，以"历史感"的发现来建构社会学研究的"经验感"和"理论感"，对中国城市基层社会运行的传统机制与其现代接续、转换的研究进行延伸思考。

三、理论价值

本研究的学术价值主要在于运用"重层结构"这一概念来把握基层社会的双重属性与运作机制。在中国城市社区中，国家权力与社会力量高度重叠的现状导致其权力运作逻辑呈现为一种"悖论现实"。而无论是市民社会视角还是法团主义视角，仍将其看作是一种不同于西方国家与市民社会模式的独特结构，而对这一带有前现代色彩的协调结构，应在当代的国家与社会转型方面发挥何种作用方面则鲜有论及。而对这一问题的解答，在中国后单位社会治理中可能更为重要。本研究试图将东亚社会普遍存在的"重层结构"置于中国社区研究语境之中，通过结构化和概念化的视角探析"重层结构"兼容式的运作方式及治理推进机制，以丰富社区治理的类型、特点和方式的研究。

四、实践价值

本研究的实践价值主要在于以"重层结构"为核心的后单位社会治理路径探索。城市社区建设是 20 世纪 80 年代后单位共同体逐渐解体而发展起来的，但随着中国城市人口增长的加速和生人社会的形成，社区自治力量始终难以在基层社会治理中形成有效的支撑。面临众多单位制解体之后的基层社会治理难题，构建有效的"后单位社会"中的社区治理机制已成为当前城市基层管理体制创新的主要命题。因此，有必要重新从实践认识而不是西方经典理论的预期出发，在单位元素的影响在城市社会中仍持续存在，而当前城市社区建设存在过度行政化、自治性发育不足等诸多问题的情况下，深入探析城市社区运作机制及优化治理路径的特殊性，这对当前我国城市基层治理、创新社会治理体制具有重要的理论指导和政策参考意义。

第二节　研究述评

国家—社会关系的分析框架自从 20 世纪 80 年代被用于研究以来，无论是在市民社会或公民社会的研究方面，还是在法团主义的研究方面都形成了大量研究成果，并且已经成为当代中国研究中的一个主流分析方法。但是，这一西方化的研究框架"更具有空间式的、力量对应的、横向关系结构的视角"①，它更多的是基于西方式国家与社会权力界限清晰、市民社会发达的现实而产生。而中国社会长期以来国家力量强大、国家与社会一体化特征十分明显，这使得"国家—社会"关系分析无论是作为一种解释模式还是目的建构都存在着难以回避的本土化问题。自市场化改革以来，国家力量开始有选择地从某些社会领域中退出，体制外的社会空间开始扩大，使得国家与社会的分化已然成为现实。但是，国家力量退出的同时也伴随着其对社会领域控制的选择性加强与重构，而社会的成长仍是不连贯的、碎片化的，国家与社会的相互融合仍十分明显，并未形成二元均势的格局。因此，探寻传统中国国家与社会一体化特征的内在机理，把握中国当代国家与社会形态，为良性国家与社会关系的建构提供理论途径，一直是国内社会学者的研究焦点之一。

一、国外研究现状

"国家与社会关系"范式在社会学和政治学研究中一直是一种经典研究范式，其起源可追溯到前工业社会阶段，此后这一范式形成了自由主义、多元主义、法团主义等不同的思想脉络，其中市民社会理论和法团主义的观点与本研究的相关性最大，以下将分别对其主张和发展流变进行梳理。

---

① 张静. 国家与社会[M]. 杭州：浙江人民出版社，1988：3.

1. 市民社会(civil society)理论

市民社会(civil society)是一个具有丰富阐述空间和理论解释的概念，其含义最早可上溯到古希腊思想家亚里士多德，后者以其指代当时的古希腊城邦(Polis)，后来西塞罗在公元 1 世纪又将其转译为拉丁文"societas civilis"，用以指代有礼仪和法律支撑的城市文明共同体形态。后来，这一概念被广为接受并翻译成英文"civil society"，即市民社会。不过在传统自由主义时代，市民社会并不是用来指代与国家相对应的实体形态，而是用来指代与人类生活的自然状态相对应的文明状态，将市民社会与自然状态作为两个相对应的概念。但在这一时期，中世纪的两个观念推动了市民社会内涵的发展。其一是中世纪政治思想演化出的社会并不等同于政权结构的观念，成为启发后世思想家将国家与社会相分离的源头。其二是中世纪基督教的宗教思想将世俗权威与宗教权威相区分，并认为二者相互制衡并行存在，也从另一个方面推动了市民社会与国家力量在社会思想中的二元分化。此后，霍布斯、卢梭均从社会契约论的角度论证了社会具有外在于国家的身份。社会契约论的逻辑是：在政治结构与国家出现之前，人类社会曾存在一个完全不受国家影响的自然状态，这个状态是原始的、平等的、自由的，但同时也是混乱的、缺乏法律和制度保护和规范的蒙昧状态。为了促使人类社会的自然状态从自然走向秩序，后来社会成员相互之间达成了某种契约：即愿意让渡出自己的部分自然权利交由政权组成国家，由后者通过立法和行政权力来管理社会。这类观点论证了社会先于国家而存在，国家只是社会成员协商的产物，从而在理论上完成了私人领域的市民社会与公共领域的国家二元分化的思想范式。

在近代，对市民社会与国家关系的理解形成两种不同的学理架构，即黑格尔的"国家高于市民社会"的架构和洛克的"市民社会先于或外于国家"的架构。黑格尔是第一个将市民社会与国家进行学理区分的西方思想家，他赋予了社民社会明确而丰富的内涵，后续西方思想家或学者对市民社会的阐述基本都未脱离黑格尔所确定的框架。他认为，市民社会是处在家庭与国家之间的地带，并可概括为三个方面的特征：①市民社会并非原始的社会状态，而是由现代市场经济支撑。人们在社会生活中为追求私利而展开行动，却通过市场交换在满足自己私利的同时也能满足他人的私利，由此在人与人之间形成了一种相互依赖的社会关系，市民社会也借由这种市场经济而成为独立于国家的实体。②市民社会独立但具有不自足性。市民社会能独立于国家，但市场规律的导向是盲目的和机械的，因缺乏利益协调充满了无休止的冲突和矛盾且无法解决。③市民社会需要政治秩序来解决不自足性。市民社会需要一个外在的又是更高级的公共机构来解决其内部的冲突和缺陷，即国家，只有国家有能力将各种私利行为整合达到公共利益的最大化。显然，在黑格尔解释框架中，国家高于市民社会。而洛克则认为，市民社会是人类最初的社会生活状态，社会成员是理性人并拥有生命、自由和财产三大权利，尽管并非完美但要好于专制国家。而国家只是受社会委托来解决市民社会内部冲突的工具，其权力来自后者的赋予。因此，市民社会先于国家并高于国家。①

马克思的市民社会理论来源于黑格尔，但对黑格尔理论的诸多论断进行了批判和发展。马克思认为，国家并不能解决市民社会内部的矛盾，国家本身就是市民社会内部不平等权力关系所生成的结果，这样就通过阶级分析的视角重新解释了市民社会与国家的关系，

把市民社会概念转化为现代资产阶级社会的概念②，提出了改变不平等的生产关系、超越政治国家与市民社会的人类解放路径。而葛兰西在继承马克思市民社会理论的前提下分析了市民社会中的文化领导权问题，树立了对市民社会的文化社会学分析范式。

在市民社会与国家的二元分析范式确定后，"国家强位"的国家主义和"社会强位"的无政府主义成为近代西方市民社会研究的两条对立的极端路线，直到进入 20 世纪之后，国家路线和市民社会路线才从二元对立中走向整合，如新自由主义的"大政府"理论、保守自由主义的"弱政府"理论等，随着东欧剧变，市民社会理论再次迎来复兴并用于东欧国家的研究，同时随着东亚社会的崛起，市民社会理论也被广泛用于东亚社会包括中国社会的研究。如奥斯特加德(Clemens Stubbe Ostergaard)、高登·怀特等学者率先运用市民社会理论来解释 20 世纪 80 年代后中国的社会变化，并认为中国社会正初步具备

---

① 邓正来. 国家与社会[M]，北京：北京大学出版社，2008：36.
② 张双利. 重思马克思的市民社会理论[J]. 学术月刊，2020(9).

市民社会的组织化特征。不过，"国家中心论"的国家路线和"市民社会中心论"的社会路线始终暗藏在不同学派对于国家与社会的关系的定位与诠释中，并成为当代西方国家与社会关系理论的一大特色。①

2. 法团主义(corporatism)

法团主义和国家与社会的二元对立观点不同，它更关注国家与社会之间的联合与协作，并认为二者之间并没有清晰的界限。作为一种理论，法团主义同样可以追溯到古希腊和古罗马时期，而其近代的思想渊源则主要为两种哲学思想：欧洲中世纪的天主教教义和近代的民族主义。天主教认为无论政治国家还是社会成员都统一于基督的感召，而社会内部应该是和谐统一的，其背后的逻辑自然是国家与社会在教会面前并不应截然二分。而民族主义则以民族文化传统来定义社会成员，强调拥有统一民族身份的个体利益应服从民族整体的利益。② 这两种思想共同促成了法团主义的基本立场，即提倡和谐、一致的社会秩序，强调集体和社会集团的作用。因为与强调个人权利的自由主义存在诸多对立的观点，在天主教会等法团组织在近代西方衰落后，法团主义在力量和实践两个方面均失去了活力。但作为一种思想传统，法团主义并未完全消失，而是吸收了自由主义的一些主张后把关注点从宗教组织转向工业社会，从而完成了自身的蜕变。

到了19世纪中期，面对西方社会大转型中出现的总体性危机，一些西方学者又重新开始关注法团主义，试图用其解决社会失范问题，涂尔干是其中的代表人物。涂尔干设想的法团应该成为国家与个体之间的政治中介组织，它集经济、政治、精神、道德等多重特征于一体，既能体现国家意志又是个体利益的代表者，社会能通过法团实现团结并最终实现国家与社会的有机统一。③ 此外，涂尔干和当时的天主教会都倡导以行业为基础创建法团，以团体内部的公共精神来约束成员，从而消弭由劳资冲突引起的阶级矛盾。不过这种带有浓厚古典色彩的法团主义理想并没有在实践中取得成功。相反，在西

---

①　庞金友. 近代西方国家与社会关系理论的逻辑与特点[J]. 天津社会科学, 2006(6).

②　张静. 法团主义——及其与多元主义的主要分歧[M]. 北京：中国社会科学出版社, 1998：21.

③　吴建平. 理解法团主义——兼论其在中国国家与社会关系研究中的适用性[J]. 社会学研究, 2012(1).

方社会劳工阶层与资本方各自发展出了同质化的社会组织,资本主义的社会矛盾转化为组织化的利益矛盾。进入 20 世纪,法团主义开始转向制度研究,试图探索一种以限制冲突为出发点的现代制度安排,并因此被视为是资本主义和社会主义之间的"第三条道路",这一主张在欧洲大陆上产生了巨大的影响,西方的福利国家体制、巨大的工会组织和雇主组织都在某种程度上是这一思想的体现,并在实践中产生了"国家法团主义"(自上而下由国家主动促成的法团)和"社会法团主义"(社会自下而上自发形成的法团)之分。①

从上文可以看出,虽然法团主义的理论定位和内涵一直比较模糊,但"中介"(intermediation)和"调整"(regulation)一直是它大量使用的词汇,因其始终以建立利益群体与国家之间的制度化通道为己任。正如施密特(Schmitter)所说:"法团主义可以被定义为是一种利益代表体制,在这种体制中,(社会中)各个构成单位都被组织到数量有限的,具有单一性、强制性、非竞争性、等级化秩序性及功能分化性等特征的各部门中,这些部门得到国家的承认或认证(若不是由国家创建的),并被授予在各自领域内的垄断性代表地位,不过作为一种交换,国家对它们的领袖选择和需求表达享有一定程度的控制权"。② 在组织化资本主义时代,西方国家的各类利益组织机制取得了很大发展,而国家对经济与社会的协调干预越来越看重,也让处于国家与社会之间的社会团体越来越具备利益代表者和公共机构的双重特征,使得法团主义在20 世纪 70 至 90 年代的西方国家产生了巨大的影响,它不仅成了一种社会主流思想,而且成了一种解决社会主要矛盾的实践方案。在面对资本主义劳资矛盾、民族国家的现代化选择、东欧国家社会转型等不同时期的挑战时,法团主义始终试图通过社会的组织化来协调利益冲突,从而实现国家与社会之间的有机平衡。

在非西方国家尤其是东亚国家,因为受漫长的专制国家历史所影响,传统社会的特征在向现代转型中并未完全消失,使得法团主义的理论范式更具

---

① 吴建平. 理解法团主义——兼论其在中国国家与社会关系研究中的适用性[J]. 社会学研究,2012(1).

② 吴建平. 理解法团主义——兼论其在中国国家与社会关系研究中的适用性[J]. 社会学研究,2012(1).

亲和力,在理论和实践中得到了广泛的重视。由于中国在进入后单位社会后并未形成完全独立于国家之外的社会组织,关注国家与社会之间联合与协作的法团主义开始受到越来越多研究者的青睐。如陈佩华(Chan)、安戈(Unger)、赛奇(Saich)等人先后运用法团主义分析中国的国家与社会关系,戴慕珍还运用地方法团主义的概念,解释了地方的经济增长以及地方政府在经济增长中的作用①。

二、国内研究现状

"国家与社会关系"范式因契合了社会学注重结构与秩序、寻求社会与政治整合的学科"品格",在被引入当代中国研究后,便一直是城市社区研究的主流,而以往的相关研究主要集中在以下三种解释框架中。

1. 社会中心论

社会中心论主要受市民社会(civil society)理论的影响,主张以结社生活为基础的社会相对于国家具有独立性和自主性,应培育以契约原则、自愿、自治为主要特征的私域空间并减少国家对社会的干预。20世纪90年代以来,国内城市的市场化进程加速,原有城市基层社会管理的主要制度——单位制开始消解,单位外的社会空间开始逐渐增大,城市社会体制从单位制向社区制的转变实际上促成了国家与社会的分离,城市社区开始成为城市基层社会治理的重心。同时,受西方和苏东学术界的影响,不少国内学者开始用市民社会理论来考察国内城市基层社会发生的新变化,关注城市社区在市民社会发育方面所起的正面作用,将研究焦点指向社区民主与自治。具体而言,可分为社区状态研究和社区培育研究。

在社区状态研究方面,研究者主要关注单位制消解之后国内城市社区的非国家化过程,借以寻找城市社区与市民社会的相似之处,并提出应进一步推动社区建设,促进中国特色市民社会的形成。陈云松认为,中国的社区建设已经破题,来自官方的迫切推动和来自民间的渐进需求都会推动从"行政社

---

① 刘安. 市民社会·法团主义·海外中国学关于改革后中国国家与社会关系研究述评[J]. 文史哲,2009(5).

区"到"公民社区"的转变,社区建设将成为打造中国城市公民社会的先导。①
李骏认为,社区建设的起因、动力、原则和功能均与市民社会相契合,社区
建设已经成为中国市民社会构建的平台,它将有效支持中国的社会转型并在
终极意义上推进中国的现代化进程②。而夏建中、雷弢、张磊、刘丽敏等通过
对城市小区自己的组织、维权行动的考察,认为"公共领域"特征、市民社会
发育等现象已经在城市小区中产生。

在社区培育研究方面,国内研究者主要从市民社会的概念出发,对城市
社区现实的"行政化"问题展开批判。如徐勇认为社区建设存在着行政和自治
两种导向,而社区居民自治有利于扩大公民政治参与和基层民主,政府应通
过下放权力、转变职能、改变领导方式等来推动社区自治的发展③。于显洋认
为中国城市社区的自治组织发展是一个"从管理到自治"的过程,并不能完全
靠自身就能发展起来,它离不开政府的支持和帮助④。张静也强调"社区建设
是以一种准行政化的方式展开的",为此需要根据社区事务划分管理领域,其
中的社会性事务需要交由社会,为此要创造有利于社会力量培育的制度环
境⑤。孙立平、赵孟营、王思斌、陈伟东、吴先举、杨荣等主张在社区培育社
会资本和社会自治组织,逐步促进社区发育⑥。

2. 国家中心论

与西方学界"国家强位"的国家主义注重学理分析不同,中国"国家与社会
关系"研究中的"国家中心论"更多的是基于社会转型实践而产生的问题倾向。
在中国城市市场化进程中,原有的单位制溢出的公共事务和转型中新出现的
社会问题与矛盾都被转移到了城市社区,社区建设与社区自治组织的发展则
未能有效解决这类问题。因此,不少研究者从问题导向出发,提出在推进社
区建设的同时,也应推动行政体制改革,通过权力下放来扩大基层政府的权

---

① 陈云松. 从"行政社区"到"公民社区"——由中西比较分析看中国城市社区建设的走向[J]. 城市发展研究,2004(4).

② 李骏. 社区建设:构建中国的市民社会[J]. 人文杂志,2003(3).

③ 徐勇. 论城市社区建设中的社区居民自治[J]. 华中师范大学学报(人文社会科学版),2001(3).

④ 于显洋. 城市社区管理与自治组织的发展[J]. 浙江学刊,2002(2).

⑤ 张静. 社区建设中政府、市场与社会的领域划分及其制度保证[J]. 天津社会科学,2004(5).

⑥ 何海兵. "国家—社会"范式框架下的中国城市社区研究[J]. 上海行政学院学报,2006(4).

能。如一些学者对上海模式中的"两级政府、三级管理"进行分析，主张应将街道办建成事实上的一级政府，以强化城市基层社区的管理。此后，不少研究者又将强化基层行政管理的倾向上升到了理论的高度。尽管他们认同"小政府、大社会"的社会转型远景目标，但认为目前社区力量尚不足以支撑这一目标，为此应充分发挥国家的自主性和国家能力，走"强国家、强社会"的道路。如朱建刚认为，城市街区内的权力结构经历了一个"社区行政建设"的过程，其中的社会与国家是共生共长、互相融合的过程。在城市基层，国家与社会正在朝着强国家与强社会的方向发展①。桂勇、崔之余在上海市居委会体制变迁的梳理中，发现在单位制消解过程中居委会出现了某种程度的行政化趋势。这一过程虽然在一定程度上影响了社区民主的发展，但在后单位社会之中现实存在的原有体制消解、新机制形成的情况下，通过国家基层政权建设的方式能有效缓解城市社区管理面临的问题②。刘晔也认为，中国的社区自治是在以政党主导、国家本位、社区为目的的原则下获得的发展空间，中国的社区建设是政党主导下的公共权威合法化的过程，在这一过程中政党组织、社区权力精英等都发挥了重要作用，而协商民主的制度框架则有利于国家与社会关系朝着权力互强、资源共享的状态演进。

3. 社会与国家协调论

中国的社会建设在理论和实践中始终存在着张力，在现实中，国家与社会之间也并不是简单的零和博弈。为此，有不少学者试图重新分析国家与社会在基层社区之中的互动方式，寻找"社会中的国家"。其中很多中国学者将法团主义引入中国社会和社区研究中来，如张静、顾昕等即使用法团主义视角阐述中国的社会基层与国家的制度化联系和互动方式。同时，有很多学者依据实践调研对新型社区促进中国社会发育的观点表示质疑。如杨敏、林尚立、徐中振、李友梅等发现国家权力在社区建设中并未从基层退出，城市社区已经成为国家的治理单元而不是地域共同体，姜振华、胡鸿保进而倡导社

---

① 朱健刚. 城市街区的权力变迁：强国家与强社会模式——对一个街区权力结构的分析[J]. 战略与管理，1997(4).

② 桂勇，崔之余. 行政化进程中的城市居委会体制变迁——对上海市的个案研究 [J]. 华中理工大学学报(社会科学版)，2000(3).

区自治组织与政府的"合作主义"。此外，治理理论虽然不属于法团主义或市民社会的解释框架，但随着 21 世纪后在国内的迅速流行并获得官方肯定，大量的社区治理研究探讨了国家与多元社会之间合作与协作的条件及路径，相关研究大大拓展了国家与社会关系的分析框架，凸显了国家与社会力量正和博弈的可能性。

当然，也有国内学者试图独立提出更符合中国社会实践的分析概念，如王颖等认为，基层社团的发展为政府与社会组织及个人间架起了一座联结的桥梁，形成了"上挂下联"的"社会中间层"。而其中影响最大的是黄宗智的"第三领域研究"。黄氏认为，国家与社会的二元对立并不符合中国社会的实际情况，应该转向三分的方法，即国家与社会之间存在着价值中立的第三领域，即国家与社会力量都参与其中，使中国基层社会并未形成西方式的公共领域①。此后黄氏又深入研究了第三领域的运作方式，将中国传统社会通过社区提名的准官员来解决基层纠纷的方式概括为"集权的简约治理"。而后又分析了党组织与人民的互动方式，提出了从"简约治理的第三领域"到"党民结合的第三领域"演化路径，认为党与人民二元结合的良性互动有利于克服科层制之中的官僚主义，广泛的人民动员参与将形成的一种"参与式社会主义"，至今仍不失为一个可以采用的治理进路②。

三、研究评论

总体来说，"国家与社会关系"范式下的社区研究近年来硕果累累，相关研究也并非截然分开，上述简介难免挂一漏万。这些研究中所形成的理论和方法资源是本课题开展的重要基础。目前而言，相关研究在两个方面仍值得深入探讨。首先，多数研究仍是使用直接的或是经过小修正的西方学术概念来研究中国社会，基于中国实践经验而提出的本土化分析概念尚十分缺少，这使得相关理论与实践之间一直存在着张力和矛盾。其次，研究对象(社区、团体或地域)带有很强的个案性质，研究成果相对独立、关联性不足，属于对

---

① 黄宗智. 中国研究的范式问题讨论[M]. 北京：社会科学文献出版社，2003.
② 黄宗智. 重新思考"第三领域"：中国古今国家与社会的二元合一[J]. 开放时代，2019(3).

中国社会的局部观察而非整体考察。面对充满差异性的城市社区，相关研究亟须摆脱因局部观察而导致的"标签泛滥""盲人摸象"局面，在田野调查的基础上形成更具解释力的社区治理分析框架，在社区研究的整体和个案之间找到平衡点。本研究即试图在已有的相关理论和研究方法的基础上，在这个研究方向上有所推进。

第三节　研究内容

一、研究对象

本研究的研究对象是城市社区中的"重层结构"。重层结构这一界定用以指代国家与社会之间形成的一种动态领域，它因国家与社会的双向互动而产生，兼有国家性与社会性的双重性质。但它并非一个与国家、社会并列的独立领域，而是依赖二者而存在。而且它处于国家与社会之间，如果将国家与社会个体之间的连接看作一个呈上下梯次分布结构的话，那么重层结构便位于其中，而且它会随着国家与社会力量的消长、互动类型的变化而上下移动，是基层社会中国家与社会多元主体协同治理展开的场域。这一结构是 20 世纪 90 年代以来伴随着单位社会的解体和社区建设展开而形成的，其本质是因国家与社会力量在基层相互融合，进而衍生出双方共同发挥作用的领域，多元的行动逻辑在重层结构中相互交织，不仅模糊了国家与社会之间的界限，而且促进了二者的合作而非对抗、融合而非分离。因此，重层结构是一种新的社区理想类型，更加贴近后单位时期基层社区中国家与社会关系的本质特征。而能否建立与重层结构运作相协调适应的治理机制，则是后单位时期基层社区能否实现善治的关键。

二、研究重点

本研究将重点考察网格化管理、街居制等在不同类型社区中的治理绩效和面临的现实困境，探析重层结构的运作方式，进而总结出与重层结构相适应的协调、稳定机制及建构路径。具体而言，研究重点将主要探讨如下两个方面的内容。

（1）城市社区治理中"重层结构"的理论解释框架。具体包括重层结构的核心特征及内在运作机理。本部分将选取典型社区和代表性社区人群深入了解其行动逻辑和互动方式，意在依托实证调研材料，将重层结构作为一种理想类型从理论上进行阐释。基本假设是：重层结构因国家与社会的双向互动而产生，兼有行政性与自治性的双重性质。它处于国家与社会之间并依赖二者而存在，如果将国家与社会个体之间的连接看作是一个呈上下梯次分布结构的话，那么重层结构便位于其中，而且它会随着国家与社会力量的消长、互动类型的变化而上下移动，因此，它是一种动态的结构。在这个"重层结构"的场域中，国家权力与社会都倾向于将自身势力最大限度地向对方渗透，以获得最大的作用空间。因此，在权力的设计上，双方都出现了将自身"对方化"的倾向，即私权力倾向于一定程度上在形式上使自己具有公权力色彩，以求将自身意志通过间接的方法影响政府权力，并为自身利益提供保障，即"私权力的权威设计"。而政府权力则倾向于在形式上转化为带有民间色彩的公共权力，以求尽量将自身影响向基层渗透，即"公权力的社会性设计"。二者都体现了当自身作用发挥到最大时，通过间接的方式发挥影响力的权力设计方法。

（2）"重层结构"的治理机制及建构路径。具体包括社区治理的制度禀赋与重层结构的适应性研究和重层结构的治理机制及优化路径探索。本部分以实证材料来验证社区治理的制度禀赋与重层结构的互动关系，重点关注社区治理制度禀赋最重要的组成部分——街居制和网格化管理。街居制的建立源于中华人民共和国成立后新政权在城市基层社会中的权威重建，自单位制解体之后成为城市基层社会管理及运作机制的主要制度依托。而网格化管理诞生于转型期社会管理创新的背景下，正逐步由实验性举措转变为常态化和成熟化的城市基层综合服务管理模式，在由社会管理向社会治理的转变中发挥了不容忽视的作用。本部分试图厘清街居制和网格化管理的推进逻辑和制度实践，剖析其在重层结构运作中发挥的作用。在理论总结和社区实践调查的基础上对重层结构的治理机制进行总结，并据此对社区治理的推进机制提出政策性建议。基本假设是：城市社区"重层结构"的稳定运作，本质上是建构良性的国家与社会关系的体现。社区治理机制应在国家与社会之间的权力运作"对方化"的过程中发挥着协调作用，而不是割裂和扭曲重层结构的运作，进而成为重层结构运作的协调和稳定机制，为国家与社会提供既博弈又协作的场域和制度规范，推动重层结构在国家与社会中逐渐上移，从而建构顺畅而非充满矛盾、对抗因素的后单位社会基层运作机制。

三、创新之处

（1）在城市社区治理研究上，由单纯纵向的自上而下的一元控制模式或自下而上的社区自治模式研究转向横向的多元互动分析，摒弃城市社区治理中国家与社会关系的二元对立视角，转而关注国家与社会之间相互协调、合作的"重层结构"，探讨多元化城市社区的治理路径。

（2）在研究设计上，通过长时段动态考察将历史比较带入社会转型和社会结构变迁研究之中，将中华人民共和国成立前的 30 年和后 40 年的城市基层治理谱系通过"重层结构"这一概念串联起来，建立连贯而非断裂的理论解释，有利于研究的生动性和深入性。

（3）在研究方法上，采用社区民俗志式的方法，以参与的身份深入城市社区互动网络，最大限度地还原当代城市社区的真实形态，展现后单位社会城市社区治理运作的真实逻辑。

第四节　研究思路和方法

一、研究思路

本课题研究的基本思路是：以东北老工业基地典型城市的基层社区为中心，首先通过对相关档案和文献的深入发掘整理和系统分析整合，对已有的研究成果进行充分吸收。其次，以充分的实践调研材料为依据，借以探讨和展现重层结构的运作逻辑及新时期的治理机制。在研究视角上，注意单位社会与后单位社会基层治理的对比研究，从近代城镇共同体再造趋势和中国社会转型的大背景下，透视重层结构的内在运作机理和治理优化路径。在理论视角方面，在"国家与社会关系"分析范式下，不再将城市社区视为一种传统的、前现代色彩的静态协调结构，而是视为一种动态的重层结构，建构"重层结构"的理论解释框架，以填补基层治理创新中应用性和表面性的研究较多、理论性与前瞻性的研究比较少的缺憾，对"国家与社会关系"分析范式的本土话语转换有所贡献。在研究方法上，立足于扎实的文献资料梳理和实践调查资料，以翔实的事实论据为依托，做到不偏向性选取材料、不言而无据、不空谈理论；深入研究社会转型背景下东北老工业基地社区治理的难点与出路，为当代城市基层管理体制创新提供理论支撑。

二、研究方法

在具体的研究方法方面，本研究将采用如下的研究方法进行有针对性的研究：(1)历史比较法：以东北老工业城市为例，通过文献档案梳理来对单位社会和后单位社会进行全方位的对比，以阐明重层结构的形成机理。

(2)问卷法：选取两类典型社区——老单位社区和新建商品房小区，通过问卷抽样调查对居民参与程度、社区资源存量、利益分布、多元主体行动逻辑等指标进行统一测量。在问卷调查资料的基础上，对不同社区的治理模式、治理绩效和结构特征有初步掌握。

(3)参与式观察和无结构访谈：研究者采用社区民俗志的方式，深入典型社区对其日常管理、居民生活进行长时间的观察、采访、座谈和参观等，参与观察的场所和空间包括：社区活动广场、宣传栏、会议场所、小区论坛、业委会、物业公司和居委会的办公场所等。访谈对象主要包括三类：分别为社区居民、开发商和物业公司人员、街道和居委会工作人员。访谈计划通过单独约访、座谈会、专题讲座、业主论坛等多种形式灵活进行。尤其希望能观察到社区中重要事件发生、发展、解决的完整过程，以对社区日常运作的深入把握来掌握重层结构的运作机理，补充问卷调查的不足。

(4)拓展个案法：通过对社区治理中宏观、微观两个方面因素的反思性经验考察，以实现对重层结构的深入理解并尽可能克服特殊性与普遍性之间的矛盾。

此外，本研究坚持结构要素分析与过程事件分析相结合，既分析社区重层结构中各个要素之间的关系和结构，又基于老工业城市基层治理模式变迁的案例实践，分析不同类型社区个案中的多方利益主体、基本关系和社会行为，阐明各方利益主体基于何种（结构或利益决定的）动机，对重层结构内部的互动机制发挥了何种作用。

第二章　城市社区重层结构的
历史文化成因

新时期，中国城市社会治理结构与模式的现代化特质逐步完善，其治理机制也逐步完善，治理效能有效提升。但作为基层社会的微观单元，社区的组织化样态与发展模式一方面受制于制度体制的变革影响，另一方面也深受国家与社会关系的历史主义形塑。虽然帝制时期的传统社会并无现代意义上的社区，但社会基层组织单元的治理传统与方式一直持续地对当前国家与社区之间的关系产生着潜在的影响。尤其是近现代中国社会在西方势力全面冲击下国家与社会关系呈现出一定的分离，从而为基层社会的渐次发育与逐步成熟创造了条件。因此，只有在历史主义视域中有效把握中国基层社会形成的进路，方可在新时期明晰城市社会重层结构中国家与社会的互动形式和双方边界，进而在理论与实践两个方面把握社会治理现代化的历史向度。

第一节　单位社会及之前的中国
"国家—社会一体化"特征

在中国漫长的传统社会中，由于牢固的儒家思想和皇权专制等原因，国家力量运用各种手段渗透到社会的各个方面，国家与社会呈现出高度一体化的特征，而小农经济的分散性与停滞性又为其长久存在提供了坚实的经济基础。近代由于受西方化的冲击，传统社会濒临崩溃，在历经近百年的混乱之后又被重新整合成为单位社会，虽然在所依赖的意识形态、制度形态等方面与传统社会均不同，国家力量对社会的全面控制却并未改变，甚至有所加强。单位社会中国家对经济及各方面社会资源实行全面垄断，经济、政治、意识形态三个中心高度重叠，社会结构分化极低，在国家与社会一体化特征方面与传统社会表现出了很强的延续性。笔者认为，其主要原因在于，无论是在传统社会，还是在单位社会中，国家与社会的微观单位之间在结构和运作机理方面存在着一种互相对应、互相协调的同构效应，这种同构效应使国家与社会的微观单位之间联系紧密，从而压制个体的权利空间，带有自主性的社会形态无法形成。这种同构效应在传统社会中表现为"家国同构"，而在单位社会中则表现为"单位—国家同构"。

一、传统社会："家国同构"的文化传统与制度表征

"家国同构"的概念笔者借用的是金观涛、刘青峰的论述，指在中国传统社会中，宗法式的家庭与国家在内部结构、运作机理等方面存在着相似性，二者形成了一对同构体。金观涛、刘青峰的这一观点主要是强调"宗法制度在基层社会中的重要组织作用"，意在证明中国传统社会的"超稳定结构"[①]。笔者认为，这一同构效应也是造成传统中国国家与社会一体化特征的主要原因。家国同构使家庭在某种程度上被纳入"体制"，家庭直接从纵向上与国家政权力量相连接，社会的横向连接被切断，社会难以从国家体制中分化出来。而其支撑主要在以下三个方面。

（1）儒家宗法思想。儒家思想自汉代起在历经两千多年的传统社会中一直被奉为正统思想，并成为上至政权、下至家庭的组织原则，它构成了家国同构效应的思想来源。在儒家思想中，以仁、孝为核心的伦理原则构成了它的核心，宗法道德基于家庭伦理而产生，使家庭中父子、夫妇、兄弟之间形成了一套亲疏有别、远近不同的等级伦理关系。在这个关系网中，每个人都以自己为中心、按血缘关系的远近来区别对待差序格局。这套伦理原则从家庭之中被推广出去，也成为传统中国整个国家的组织原则，其关系结构完全对

---

① 金观涛，刘青峰. 兴盛与危机——论中国社会超稳定结构[M]. 北京：法律出版社，2011：50—54.

应。君主即为天下的家长,以德治统御万民,国家官僚也被称作"父母官",由子孝、妇从、父慈伦理观念建立起来的家庭关系,与民顺、臣忠、君仁的国家社会关系如出一辙,君权、父权、夫权相通且相互为用,使得国家与家庭成为一对同构体,君权渗透到家庭之中。这种意识形态表面上是将国家家庭化,实质上是将家庭政治化,使社会自主发育受到抑制。

(2)君主集权官僚制。在传统中国,儒家重伦理、宗法的特征却并没有导致宗族组织的无限扩张,国家与家庭之间的联结机制,主要借助于君主集权的官僚制来维持。中国传统社会自秦以后便由周朝的"世卿世禄"变为"选贤与能",天下大小官员的任命皆出自君主,君主集天下大权于一身,成为国家的化身。而庞大的官僚机器则完全依附于君权,成为君主集权专制的维护力量。这一状况只在魏晋时期曾经出现过"贵族政治"的短暂反复,在两千多年的传统社会中君主集权官僚制一直得以维持,起自隋唐的科举制度更是强化了这一体制。君主集权官僚制的顶点为君主,其下为以君权为核心的各司其职管理社会的官员,从而形成了一套组织严密的金字塔形官僚机器,它使得家庭之外的社会空间完全为国家(君权)所占据,国家与家庭之间直接相连,保证了国家与家庭之间不存在自治性质的村落、宗族等"小共同体"形式,"家国同构"完全成为维护国家与社会一体化的机制。

(3)集权的简约治理。"集权的简约治理"这一概念是由黄宗智提出的,用以指代中国传统基层社会中"以半正式的行政方法,依赖由社区提名的准官员进行县级以下的治理"①的方式。传统中国地域辽阔、人口众多,而官僚机构中主干官员仅占总人口的5%左右②,农业社会低下的效率基础也使得官僚机构难以建立起精确、高效的数目式管理。因此,官僚机构的末端只能达到县一级。中国传统基层社会的治理主要依赖官僚体系之外的士绅文人来完成。士绅阶层由有功名无官职的文人或者退休官员组成,他们是基层社会的精英,认同儒家意识形态,同时也享有一定的特权。他们凭借着半正式官员的身份在基层社会的管理中发挥着实质性的作用。但是,这并不意味着传统中国基

---

① 黄宗智.集权的简约治理——中国以准官员和纠纷解决为主的半正式基层行政[J].开发时代,2008(2):10.

② 金观涛,刘青峰.兴盛与危机——论中国社会超稳定结构[M].北京:法律出版社,2011:33.

层社会具有一定的自治特征。由于士绅阶层与官僚系统有着千丝万缕的联系，他们可以和国家官僚机器实现默契的协调与合作关系，在实际的权力运作中自上而下的成分居多，而自下而上的成分极少。士绅阶层由科举制所造就，他们本身可以视作是国家力量向基层社会的延伸与渗透。"集权的简约治理"使传统中国在一个庞大的农业经济社会中以较小规模的官僚组织保持高度集权的国家形态，其实质是社会的国家化，它构成了传统中国"家国同构"社会模式的实质运作方式。

综上，传统中国的"家国同构"效应，以儒家思想为主流意识形态，以君主集权官僚制为连接机制，以集权的简约治理为实际运作方式，它将国家政权结构内化为家庭结构，国家成为政教混合体，让行政力量通过正式或非正式的形式渗透于社会各处，使社会的微观单位在最大程度上保持协调一致。国家与社会纵向连接牢固而彻底，而社会自身的横向连接却受到了极大限制，社会难以发育。因此，"家国同构"实质上是"家国一体"，在这种格局下甚至使个体人格都成为一种"他制他律"的人格①，专制主义得以长期稳定地保持下来，国家与社会之间的分化始终不明显。

二、传统时代的国家与社会关系的基本构造及内在困境

实际上，在中国漫长的传统王朝统治时代，以社会学的"理想类型"（idea type）作为标准来对传统中国的国家与社会关系做史学还原是十分困难的工作，国家政权与基层社会之间的关系在不同时代也呈现出不同的特点。但一般而言，持续两千余年的"郡县中国"下，无论是政权组织结构、基层社会运作和组织逻辑，甚或国家与社会的关系，相对而言都处于大体稳定的状态。考诸学界对传统中国的研究，一般形成了"小共同体本位"说和"大共同体本位"说两大相持的理论视域。前者认为传统中国的官僚机构由于缺乏制度性渗透乡土社会的能力，使得基层社会保持了相对独立性，从而造成了国家与社会的分野。后者则认为以地缘和血缘伦理为基础的乡土社会的自组织性被系统性高估，实际上中国传统时代的乡土社会是被国家政权所严密控制的，本

---

① 孙隆基. 中国文化的深层结构[M]. 南宁：广西师范大学出版社，2011：181.

质上仍然是一个"编户齐民"的社会，国家与社会呈现出统合的特征。具体而言，两大学说对国家与社会关系虽然分析得有所差异，但也呈现出在封建王朝时代国家与社会关系的一些基本特征。

(1)"小共同体本位"说。所谓"小共同体"主要指依靠血缘和地缘关系而结合成的内聚性的社会单元，通常指国家之外的乡土社会。国内学界在这一视域下已有了诸多研究成果，梁漱溟的"伦理本位"、费孝通的"乡土中国"、许纪霖的"士绅社会"等理论都揭示了小共同体社会的结构性特质和运作逻辑。例如，费孝通先生就认为"从基层看上去，中国社会是乡土性的"①，乡土社会是以"礼治"的方式来维持秩序，并使基层社会形成了一种"没有陌生人的社会"②，因而具有强烈的稳固性和排他性。同时，在"皇权不下县"的现实权力逻辑下，中国的乡土社会相对于皇权的官僚体系具有一定的自治性，这一自治是依靠以"差序格局"等远近亲疏有别的血缘加以界分。因此，乡土中国不存在西方意义的社会空间，因为乡土社会中的权威、权力和责任都内嵌于亲族血缘内部，并没有形成独立于国家的"私域"空间。除乡土中国的理论体系之外，许纪霖先生认为中国传统社会于宋明之后形成了一个典型的"士绅社会"③，"士大夫作为四民之首，曾经是社会与国家的中枢，在朝辅助帝王共治天下，在野作为地方精英领导民间社会"④。而"绅士的地位则是通过取得功名、学品、学衔和官职而获得"⑤，国家通过对上述资源的再分配来实现对绅士集团的控制。对没能入朝为仕的绅士而言，他们就通过土地和声望与地方社会紧密地结合为一体，成为地方社会具有重要影响力的精英。费正清教授认为，"士绅社会"是传统中国国家公权和家庭私权的中间领域，是平衡二者

---

① 费孝通. 乡土中国与生育制度[M]. 北京：北京大学出版社，1998：6.
② 费孝通. 乡土中国与生育制度[M]. 北京：北京大学出版社，1998：9.
③ 按照张仲礼的估算，士绅阶层在太平天国前有 110 万人，而在太平天国以后则达到了 140 万。（见张仲礼：《中国绅士：关于其在十九世纪中国社会作用的研究》，上海：上海社会科学院出版社，1991 年，第 111－113 页）。而罗兹曼则认为如果将这些人的直系亲属包括进去，"最严格计算起来，这一阶层在太平天国之前也有 550 万人，而在此之后则达到 700 余万人"（见吉尔伯特·罗兹曼：《中国的现代化》，国家社会科学基金"比较现代化"课题组译，南京：江苏人民出版社，2003 年，第 79 页）。
④ 许纪霖. 重建社会重心：近代中国的"知识人社会"[J]. 学术月刊，2006(11)：138－145.
⑤ 张仲礼. 中国绅士：关于其在十九世纪中国社会作用的研究[M]. 上海：上海社会科学院出版社，1991：1.

利益的缓冲和调适。基于此,费孝通先生进而认为中国传统社会并不存在高度集中的皇权,而"是一层层重叠着的权力金字塔,每个贵族都分享着一部分的权力"①,从上至下分别形成了皇权、绅权、帮权和民权四种权力。其中,受制于国家权力与无储蓄农业的现实张力,基层社会的运行往往遵从"无为而治"的信条,从而依托于绅权获得了与国家相分离的自治权力。② 从这一研究路径来看,无论是基于血亲"差序格局"场域的乡土社会,还是依托于"绅权"获得相当自治力的基层社会,中国古代社会中小共同体本位的传统是异常强大且延续绵长的,继而成了近代中国基层社会转型的初始背景。

(2)"大共同体本位"说。持这一观点的学者认为,如果"小共同体本位"的中国传统社会是普遍状态,那古代帝国的诸多大型工程和重大战争就无从动员。因此,传统中国的官僚体系必定发展出一套有效方案渗透基层社会,通过"编户齐民"行政手段深入社会并建立起国家与社会沟通管道的制度手段。其中,德裔美籍学者魏特夫所提出的"治水社会"理论就极具代表性,他在《东方专制主义:对于极权力量的比较研究》一书中将世界划分为"治水地区"和"非治水地区",并认为以中国为代表的治水地区由于需要应对大型水利设施的修建和维护,因而需要建立起大规模协作劳动的纪律机制和王权专制领导。③ 因为"要有效管理这些工程,必须建立起一个遍及全国或者至少及于人口重要中心的组织网。因此,控制这一最高组织网的人总是巧妙地准备行使最高政治权力"④,这不仅成了"东方专制主义"产生的原因,同时也有效地解释了"治水社会"下国家比社会拥有更强组织力的根源。在治水支配权力再分配的逻辑下,国家成了社会事务实际上的管理者,建立起了全面的信息和资源垄断配置权力。这一理论的出现在一定程度上挑战了"皇权不下县,县下皆自治"的小共同体基层社会的基本论断,但秦晖教授却依据相应的史学资料,认为"传统中国乡村社会既不是被租佃制严重分裂的两级社会,也不是和谐而

---

① 吴晗,费孝通,等. 皇权与绅权[M]. 上海:上海观察社,1937:1.
② 费孝通. 乡土中国与生育制度[M]. 北京:北京大学出版社,1998:62.
③ 魏特夫. 东方专制主义:对于极权力量的比较研究[M]. 徐式谷,译. 北京:中国社会科学出版社,1989:1—9.
④ 魏特夫. 东方专制主义:对于极权力量的比较研究[M]. 徐式谷,译. 北京:中国社会科学出版社,1989:9.

自治的内聚性小共同体,而是大共同体本位的'伪个人主义'社会"①。这一观点源自对中国传统社会本质的再认识,秦晖教授认为中国传统社会是一个典型的"儒表法里"的社会,也即中国自秦以来的官僚体系一直遵从法家的治理逻辑,使得国家大共同体的力量不断扩张,以家族为基础的小共同体被持续地压制和侵袭。加之自上而下的"编户齐民"使得乡土社会被国家行政网格(里)所分裂,将个体与国家建立起了制度化联系的通道,从而实现了专制皇权对社会个体的支配。② 从其实质来看,"伪个人主义"学说具有一种"反公民社会"的性质,也即在国家机器衍生力量体系之外,几乎很难存在国家与社会的中间地带。③ 这也间接印证了近代中国社会在西方列强的冲击下,国家秩序解体所带来的基层社会涣散。

从国内外已有的研究来看,应该说,持有大共同体本位学说的相关理论无论在理论的延展性上还是在概念的接受度上,相对于小共同体本位的学说都处于从属性的地位。由于中国传统社会的时段绵长和地域差异,加之特定历史事件的综合影响,使得中国乡土社会的运行逻辑也并非铁板一块,大共同体本位学说更像是对中国古代国家与社会关系复杂性的注解,其本身的理论逻辑也同样存在致命的缺陷。例如,魏特夫的研究产生于冷战背景,其秉持的极权主义理论预设极大地限制了其资料的选取和理论的分析,加之按照这一逻辑,统御寰宇的专制官僚系统绝无可能允许基层社会产生"士绅集团"这样的乡土代言人,也不可能产生中国传统社会的"小共同体"论题。而秦晖教授"儒表法里"和"伪个人主义"论题的实现必须借助于强大且制度化的国家体系建设,以实现对乡土社会的监控和统合。但在封建时代的中国,无论是国家与社会的制度化贯通机制的建立还是在实践上的运转,在技术上和操作上都面临难以实现的困境,单凭保甲制度本身也难以阻止基层社会基于家族和亲缘的横向社会联结关系的建立。其次,固然存在国家延伸至基层社会的官僚组织及代言人,也并不能证明这些组织是完全依附于皇权并按国家意志

---

① 秦晖. 传统中国社会的再认识[J]. 战略与管理,1999(6):14.
② 秦晖. 传统十论[M]. 上海:复旦大学出版社,2003:1—44,61—126.
③ 秦晖. "大共同体本位"与中国传统社会(上、中、下)[J]. 社会学研究,1998(5),1999(2),1999(4).

加以运作。基于此，"家国同构"作为中国传统时代的国家与社会关系，不仅在实践中保持着相对的距离，同时这种相对独立的空间在思想和制度上都具有极大的稳定性，这一稳定性一直持续至清朝中后期。

三、西方社会与国家关系形态及对近代中国"家国同构"转型的影响

国家与社会的二分关系研究起源于近代西方学界，在中世纪之前，西方世界的国家与社会长期呈现出一种复合状态。在古希腊，国家"直接等同于社会"[①]，公民把"对自己私事的关心同参与公共生活结合起来了"[②]，而且"国家总揽一切"[③]。这直接"使大多数希腊思想家不知区分国家与社会，亦不能想象不同于城邦生活的其他生活方式"[④]。古罗马以消灭城邦政治建立起自身的统治，在此基础上社会在国家的支持下获得了一定的发展，因此，西塞罗甚至将此视为"人民之事业"，是人民基于法的意志和利益的共同而结合起来的集合体，这在一定程度上将个人与国家相分离，国家被认为是法律的集合体并需尊重个人的权利。古罗马时期虽然高举个体权利的大旗，但国家更多是以一种"监护"的状态处理同社会和个体的关系。进入中世纪的欧洲，由于持续的战乱和神权的扩张，西方社会呈现出一种"无国家"状态，但表面的无国家状态实质上则是政治国家的样态产生了新的形式，即神权、王权和贵族权力以分封制的方式将政治原则普遍社会化，将全部的私人领域均统合进了政治范畴。从而形成了国家对社会全面吞噬和同化的状态，但由于存在宗教、分封领主、王权等多元权力中心，使得国家对社会的全面整合具有一种天然的脆弱性，是"一种软弱的和多中心的专制主义形式"，这也正是中世纪后欧洲市民社会形成的基础之一，从而为后续西方国家与社会的二分化奠定了基础。及至近代欧洲资产阶级革命后，新兴的资产阶级以取得国家权力并以服务社会领域为进程，社会才最终从私人领域和公共领域中独立出来，成为与国家

---

① 贾恩弗兰科·波齐. 近代国家的发展[M]. 沈权，译. 北京：商务印书馆，1997：96.
② 乔治·霍兰·萨拜因. 政治学说史（上册）[M]. 盛葵阳，等译. 北京：商务印书馆，1986：34.
③ 古朗士. 希腊罗马古代社会研究（影印本）[M]. 李玄伯，译. 上海：上海文艺出版社，1990：184.
④ 于海. 西方社会思想史[M]. 上海：复旦大学出版社，1993：46.

相对立的独立体系。这一时期的国家与社会分属于不同的活动场域，社会内部的个人自由与个体利益获得了空前的解放和鼓励，国家则根据"契约"承担"守夜人"的职责，并以公共权力服务和保障于社会。

清末的洋务运动和维新变法极大地拓展了学人对西方思想的了解，至 19 世纪末期，"社会"这一词汇就从日本传入了国内学界。但据相关学者研究，日本学者从 1875 年开始使用"社会"这一词汇到该词汇被我国学界和政界接纳，除西方思想和科学体系本身对晚清学人的压力之外，更为重要的原因是彼时国内的士大夫阶层对于"社会"已有较为明确的界定，即民间的自发结社。① 实际上，随着晚清中央集权的不断松动和资本主义经济的逐步发展，城市内部的民间结社也在不断出现，并逐步承担了一定的社会公共职能，例如，传统的行会组织在清代中期以后获得了一定的发展，并成为城市商人联结乡谊、维护自身利益的团体。此外，会馆、公所等组织也大量出现，"会馆是由流寓各地的同乡人所建立的专供同乡人集会、寄寓的场所"②，是保护组织成员免受伤害并进行集体行动的团体。此类行会和会馆等组织在清代早期之前往往是作为充当政府徭役助手的角色来贯彻官方的管理意图，但清朝末期的行会组织已经摆脱了"徭役组织"的定位，更倾向于如劳伦斯·克里斯曼所指出的那样，城市居民乃是"在不设引人注意的管理机构的情况下来管理自己"③。由此观之，正是由于晚清以来民间结社的不断发展，逐步形成了一个相对独立于国家的民间社会，虽然这一空间相对狭窄，与西方意义上的国家与社会分离的状态截然不同，但仍旧在一定程度上改观了传统中国"家国同构"的国家与社会关系样态。这也同样使晚清学界逐步从本土的"群学"思潮转变为逐步接受了西方的"社会"思想。由此可见，在晚清以来的千年未有之大变局下，无论是中西方传统与现代思想的碰撞，还是封建政权与社会彼此间的互动，都重新定义了近代以来边界不断变迁的国家与社会，并掀开了近代激荡的社会革命的序幕。

---

① 李健德. 经济制度演进大纲[M]. 北京：中国财政经济出版社，2000：269－272.
② 唐力行. 商人与近世社会[M]. 北京：商务印书馆，2003：90.
③ 施坚雅. 中华帝国晚期的城市[M]. 叶光庭，等译. 北京：中华书局，2000：654.

第二节 中国传统社会与国家关系的
近代危机与挑战

受内外诸因素的叠加影响，近代中国社会遭遇了三千年未有之变局。西学东渐的潮流以军事强权的方式彻底击破了原本处于隔绝状态的中西关系，而向西方学习从器物层面向制度层面不断深入的进程也加剧了封建王朝的统治危机。中国传统王朝的兴衰更迭与现代化自我发展已难以在内部循环的轨道上继续运行，西方以军事打击、政治压迫和文化入侵等形式全面冲击中国固有的国家政权与社会结构，使中国既有的政治架构、社会整合、文化认同、经济形态等层面都遭遇到了"总体性危机"。这种总体性危机状态使中国难以依靠自身社会的整合来实现现代化的转型，以回应西方的全面冲击。因此，无论是封建王朝的官僚系统，还是传统的乡土社会，都在这一"冲击"的影响下与传统逐步决裂，并酝酿着国家与社会新型关系的内在基础。而回应危机所进行的社会重建进程也成了近代中国激荡的社会革命的动力来源，并最终在变革与复兴的交互运动中实现从传统中国的"家国同构"向近代中国的"社会发育"的形态变迁。

一、总体性危机和国家与社会互动关系的渐次失序

中国传统社会较为稳定的国家与社会关系一直是维持社会有效运转和官僚体系自我循环的基础所在，但在总体性危机的冲击下，既有的官僚体系产生了与传统时代不同的扩张动力。即将行政网络和管理能力不断向基层社会延伸，以实现对基层社会资源的渗透和提取，进而支付与西方冲突失败所造成的战争赔款和解决财政困境。在此背景下，原本作为基层社会代言人的部分乡绅转变为了"营利性经纪人"，以代表国家对基层社会进行资源榨取，这构成了近代乡村社会典型的"劣绅"群体。这与传统时代士绅阶层努力维持国家与基层社会之间的距离，代表基层社会与国家协调和抗衡的角色完全相反。近代中国不断受到西方的军事威胁，加之内部战乱不绝，使得国家对基层社

会盘剥的力度有增无减。这不仅从根本上破坏了中国乡土社会小共同体的自我稳定性，同时也使国家与基层社会之间的关系处于一种持续性紧张的状态，造成了基层社会内部巨大的反弹，使国家进一步丧失了对基层社会的管控，基层社会陷入了"一盘散沙"的整合危机。国家与社会关系的紧张状态使国家对社会的组织能力、动员能力和控制能力急剧下降，加之传统上维系社会小共同体本位基础的血缘和地缘联结也在近代的工商业发展和社会流动进程中不断消解，使国家与社会之间的纵向联系发生了紊乱，对国家权威构成了实质上的挑战。

二、文化认同危机下的社会中间层解组

当传统的中国社会在晚清遭遇千年未有之变局时，其内部赖以维系的思想文化价值认同也同时伴随西方文明的侵入而不断式微，进而演化成以维新变法和宪政改革为诉求的激烈的思想革命和社会革命。这一进程是伴随着晚清知识界对传统社会的理论批判而不断拓展的，他们认为"20世纪中国思想史的最显著特征之一，是对中国传统文化遗产坚决地全盘否定的态度的出现与持续"，因为这一批判所预设的理论前提就是"如果要进行意义深远的政治和社会变革，基本前提是先要使人们的价值和精神整体地改变。如果实现这样的革命，就必须激进地拒斥中国过去的传统主流"①。这种对传统文化的反叛至五四运动时期达到高潮，进而以思想解放为开端扩展到社会解放领域。与思想文化价值领域对传统中国的批判相呼应，近代以来的工商业发展和新式学堂的普及，尤其是科举制度的废除，使得原本作为社会中间阶层的"士绅地主"集团不断分化，"一部分转变为近代工商业者，一部分转变为近代知识分子，一部分转变为新式军人，还有一部分仍然留在农村，后者大多成了土豪劣绅。这实际上意味着维系着中国传统社会两千余年的'国家—民间精英—民众'三层结构中一个至关重要的部分的分裂和解体"。"这种变化带来的不仅仅是一种政治体制的解体，同时在更深的层次是社会结构的解组，即由于社会

---

① 林毓生. 中国意识的危机——五四时期激烈的反传统主义[M]. 贵阳：贵州人民出版社，1998：3.

结构构成的变化，社会失去了自组织的能力。"①固然民间精英群体的消失并不能完全表示中国传统社会与国家间相互沟通对话机制的失效，但确实为国家与社会对话，进而对社会进行干预和控制制造了困难。这种社会中间层的解组不仅造成了国家与社会关系的疏离，更加剧了近代中国社会整合的内在危机，使基层社会陷入碎片化的"一盘散沙"的局面。虽然这种一盘散沙的政治局面造成了中国近代的社会与民族危机，但是从社会层面来看，代表社会中间阶层的"士绅集团"的瓦解使乡土社会的权力文化网络在国家加大对基层资源汲取的过程中走向衰败，从而表现出中国社会在遭遇近代危机过程中独特的"社会解组"进路。

第三节　近代以来中国社会与国家关系的调整与重塑

近代以来，中国传统社会与思想界深受东西方文明碰撞冲突的大环境影响，其核心诉求是通过调整中国的政治与社会关系实现现代化发展的内在动力。因此，中国传统的文化思潮、政治模式、社会结构自晚清之后都受到了学界的持续批判与否定，与此同时，以"群学"为代表的西方社会思想和市民社会理论也逐步被国内学人所接受，进而引发了中国近代关于国家与社会关系的研究与讨论热潮。传统中国社会固然受制于国家管制能力限制而具有一定程度的自主性，但在落后的生产力状态和国家垄断政治认同的共同作用下，地方社会难以形成自我管理、自我服务的能力，也因而不可能发展成为西方意义上的市民社会。而传统中国的政治与社会的"超稳定结构"在近代所遭受的严重冲击，使得西方"群学"思想中关于社会的观念所暗含的群己界限和公私之别迅速成为国人改造传统社会的所谓的"药方"，有学者认为"太平天国之后，除了官、私传统区分之外，由于政治力量的松动，地方具有相当的自主

---

① 孙立平. 新中国 60 年：从政治整合到社会重建[J]. 新远见，2010(3)：57.

性,因此地方精英开始管理新兴的公共事务"①。加之随后晚清政府所启动的一系列改革,使国家在一定程度上放松了对社会的控制,为社会的自主发育提供了可能。基于此,有观点认为近代中国基层社会在内生组织和运行逻辑上逐步获得了与国家相对的自主空间,但不同时代国家与社会关系的互动结构也同样成了社会革命和政治思潮的催化剂,共同构成了近代激荡的社会革命浪潮。

一、洋务运动:国家与社会合作的开端

自晚清以来,中国传统基层社会的主体——乡土社会开始发生裂变,在资本主义工商业自西方不断输入的影响下,传统乡村手工业开始加速破产,加之民族工商业和城市的发展,使得中国国家与社会关系的主轴由政府与乡土社会关系转变为政府与城市基层社会之间的关系。而这一开端最早肇始于洋务运动时期的变革,以"自强""求富"为口号的洋务运动以创办近代军事工业和兴练新军为目标。为实现洋务运动的基本目标,疲惫不堪的晚清政府难以为这一改革提供足够的资源,因而采取了"官督商办"模式,意图借助民间资本实现改革,无意间实现了近代以来国家与社会的首次合作。在合作的过程中,"赖商为承办,赖官为维持""由官总其大纲,察其利病,而听该商等自条议,悦服众商"②。可以看出,中央政权在这一过程中放弃了传统中国社会"重农抑商"的政策,转为对以商人为代表的社会中间阶层进行主动的扶持和保护,从而以放松对社会经济管制为手段为社会发展提供了空间。在政府有意扶持政策的引领下,民间经济组织以前所未有的速度取得了对城市经济和社会的管理权,并获得了一定的自主权。但两者之间的关系却并非平衡,"官方的'督办'力量始终在经济生活中享有绝对的权威,官与商在地位上并不对等。"③一个较为明显的趋势是,洋务运动的官商关系同样引起了部分政治精英

---

① WILLIAM T. The Public Sphere in Modern China[J]. Modern China,1990,16(3):309-329.

② 吴汝纶. 李文忠公全集[M]. 台北:文海出版社,1986:31.

③ 张昊. 近代中国的商会与市民社会[J]. 哈尔滨工业大学学报(社会科学版),2016(2):57-62.

对国家与社会关系的思考。有官员认为，"事虽由官发端，一切实由商办"，并要求"摒除官场习气，悉照买卖常规，最为扼要"①。

虽然 19 世纪 80 年代之后由于官商矛盾加剧使得官商督办模式在实践中走向破产，但依旧表明代表国家力量的官僚精英已注意到了传统社会结构难以适应现代化发展的内在需求，并为此做出了适度的调整，为近代中国进一步的政治改革和社会发育提供了可能。此外，重商政策的推行也促进了基层社会"士农工商"四大阶层中的商人阶层在城市社会的崛起，这种转变为后续依托于商人群体形成城市民间组织提供了社会基础。因此，清末国家与社会之间的关系较诸传统社会产生了较为明显的变化，一方面由于政府大力实施振兴实业、对工商业进行扶持的政策，在承认了工商业者合法地位的同时，也为城市工商业的发展提供了相对独立的社会空间。城市社会的发育和工商业的发展同样也为政府提供了更多的税赋，并承担起了部分城市的管理与服务职能，成为近代国家与社会制度化合作的先声。这一事实表明，即便是封建王朝也并非一以贯之地对民间社会进行严密的管控，晚清政府为回应外部冲击不仅没有对刚刚萌发的民间社会进行扼杀，在经济、政治和社会领域还进行了一定扶持，客观上促进了民间社会的发展。但考诸这一时期国家与社会关系的结构，可以发现，这种国家与社会合作的关系并非源于官僚阶层的顶层设计，而是总体性危机状态下调整社会整合方式以便回应冲击的意外后果。在这一意义上，这种变化也可视为国家为维护自身统治地位而采取的变通性举措。也正是由于这种合作机制建立的先天缺陷，"这样一种情况或许可视为类似近代中国后发展型的半殖民地国家中，市民社会的孕育、萌生所不同于西欧发达国家的独特模式。"②

二、清末新政：近代民间社会的初步建立

甲午战败与庚子赔款之后，近代中国面临的外部危机达到了顶峰，晚清政府遭遇到远较洋务运动时期为巨的压力与困境，因而在这一时期所开展的

---

① 孙毓棠. 中国近代工业史资料：第 1 辑(下)[M]. 北京：科学出版社，1957：631，1043.

② 朱英. 清末民初国家对社会的扶植、限制及其影响——近代中国国家与社会新型互动关系系列研究之一[J]. 天津社会科学，1998(6)：9.

国家与社会改革也更为激进彻底。与洋务运动时期由国家主导的"官商督办"改革相比，此时的晚清朝廷已无力通过国家权威本身来促动社会和政治改革，只能通过授权的形式为社会赋权，并借助社会力量自身实现社会整合和推进变革的目标。改革的初衷是建立起具有较强组织能力的民族国家，以摆脱西方殖民化的外在压力。而欲实现这一目标，就必须建立起国家能渗透和深入社会的政治通道和经济资源提取机制。借用吉登斯的理论，就是国家必须使其自身成为一个"最突出的权力集装器"方可完成这一整合，由于"权力集装器首先是通过集中配置性资源和权威性资源而产生出权力"①，所谓"配置性资源指对物质工具的支配，而权威性资源则指人类自身活动的行使支配的手段"②。据此，国家必须通过建立起政治和经济内部整合的机制打造"权力集装器"，以使官僚体系能有效渗透至乡村，达到汲取基层社会"配置性资源"和"权威性资源"的能力，也即实现对社会的征税和行政管控。

按照这一改革目标，清末新政首推的政治改革目标便是探索将代表国家权力的行政机构深入基层社会，从而在官僚体系和广大村民之间建立起较为直接的联系，摆脱郡县中国时代"皇权不下县"的管控困境。"就当时的政治情况而言，主要有两条道路可以选择：一是通过扩大官僚政治体系，增强地方政府的组织和权力，强化国家对社会的驾驭；一是开放部分地方政权，吸收各种新兴政治力量参与社会管理，实现社会政治的重组与整合。对清朝封建统治阶级而言，前者固然为上策，但已经没有足够的力量去实现；选择后者，虽然并不情愿，但又有不得不为之势。"③因此，推进社会的"地方自治"就成了新政后国家强化对社会行政管控的主要手段。1908年，宪政编查馆在其拟定的九年预备立宪计划中就明确写明推进地方自治的规划，于次年发表上谕声明："地方自治为立宪之根本，城镇乡为自治之初基，诚非首先开办不可。"④随即又颁布了《城镇乡地方自治章程》，并要求各地"按照此次所定章程，将

① 安东尼·吉登斯. 民族—国家与暴力[M]. 胡宗泽，等译. 北京：生活·读书·新知三联书店，1998：7—8.
② 安东尼·吉登斯. 民族—国家与暴力[M]. 胡宗泽，等译. 北京：生活·读书·新知三联书店，1998：7—14.
③ 虞和平. 中国现代化历程：前提与准备（第一卷）[M]. 南京：江苏人民出版社，2001：724.
④ 故宫博物院明清档案部. 清末筹备立宪档案史料（下册）[M]. 北京：中华书局，1979：750.

城镇乡自治各事宜，迅即筹办，实力奉行，不准稍有延误"①。在晚清政府急切推进地方自治的同时，也试图建立起能有效对地方社会进行监管的政治体系，要求地方官员定期报告办事成绩，征其预算决算表册，并由申请督抚，解散城镇乡议事会、城镇董事会及撤销自治职员之权。可见，这一自治形式并非有意移植西方的社会自治管理机制，而是力图一方面通过授权地方减轻自身的行政压力，另一方面又不愿失去对地方加以管制的行政手段。至袁世凯上台后，干脆废除了省、县二级地方自治，规定区为政府最低一级行政单位，区下为"村"，名义上仍为自治性质，即村自治。

清末新政不仅在乡村社会推进自治，强化社会自我组织能力，同时也力图在城市社会进一步释放社会活力，培育商人这一城市中间阶层。其中，比较有代表性的事件是晚清政府开始通过商事立法，逐步对城市商业活动进行法制管理。以 1903 年的《商部开办章程》为开端，正式成立农工商部管理全国商贸活动，并先后颁布《商人通例》《公司律》《公司注册试办章程》《商标注册试办章程》等 20 余部规范商业活动的法律规范，极大地促进了城市工商业的发展。随着近代工商业的逐步繁荣和城市的崛起，商人自发的结社团体也逐步增多，至 1912 年清帝退位之前，各地商务总会、海外商会等组织已超千家。以商会为代表的大量民间合法社团的成立，构成了晚清城市社会的组织基础，并成为具有自发集体行动和意愿表达平台的团体。同时，随着经济立法的强化和商业组织的成立，标志着晚清新政以来国家对城市社会力量崛起的承认和保障。中国传统社会往往对城市内的商人阶层充满限制与戒备，因而难以产生具有自组织能力的社会土壤。但这一阶段的国家逐步放松了对经济活动的干预和控制，极大地促进了城市产生脱离于政治体系之外的具有独立的经济活动的社会空间，并以商事立法的形式将这一领域置于规范性的保护之下。这一城市社会的结构性变化，标志着中国近代社会的初步形成，国家不再借助于"商为承办，官为维持"的经济管理形式来主导商人阶层，政府劝立商会的一大目的即是希望直接绕过官僚且低效的行政组织而与商人阶层直接沟通，以此方式实现与社会的沟通合作。加之商会成员均由其内部自主选举，所需

---

① 谢振民. 中华民国立法史(下册)[M]. 北京：中国政法大学出版社，2000：659.

资源政府并不负责,因此国家与商会组织并不存在隶属和领导关系。这表明,以商会为核心的城市民间组织已经一定程度上可以通过国家授权的合法途径进行自我组织和自我管理,乃至承担城市管理职能,实现有限政治参与,这标志着晚清城市社会的经济领域已经逐步脱离于政治国家的控制,并取得了自下而上地向官僚机构反馈的渠道,或可被视为近代中国城市民间社会的开端。

三、民国时期:国家的"暂退"与社会的"繁荣"

自辛亥革命推翻晚清政权以来,中国封建王朝的政治统治随即宣告结束,国家官僚体系已难以完成对全国范围内的统御和管理。此后,直至南京国民政府在1928年完成全国的形式上的统一,受军阀混战和地方割据的影响,国家政权力量对社会的管理一直较为有限,与之形成较为明显对比的是,社会力量在获得难得的自身发展空间后,其发展活力与速度呈现出远超前世的繁荣局面。这一表面繁荣的状况在南京国民政府权力稳固后,出于对国家控制力强化和抗战的需要,国民政府旋即对城市社团进行了大规模的整顿清理,以国家力量与权威压缩了社会独立发展的空间。这一进程由于深受不断变动的社会政治格局的影响,和持续不断战乱的共同作用,体现出较大的波动性和阶段性。

第一,北洋政府时期重塑国家力量尝试的失败。随着清政府的倒台和袁世凯执掌的北京政府政权的逐步稳固,新政权试图通过对既有政治和社会资源的占有而构建新的政治秩序,通过对社会团体的控制来抑制社会力量,达到其复归政治权威的意图。借此,自1914年起,北洋政府就开始着手调整和限制以商会为代表的城市中间组织,并颁布新的《商会法》,该法指出:"新法既经公布,根本业已变动,凡从前部准章程不在法律内所规定者,当然一律无效。"根据法令,不仅取缔了全国商会联合会,同时也对各县市设立商会的数量和规模进行了严格的限定。当然,这一政策一经出台就受到了商会等社会组织的强力反对,各省商会不断通电北京,要求政府收回成命,并在1915年组织21省商会代表联合向政府施压,提出"各省函电纷至,现已赞成力争,断无中止之理"[①]，最终迫使政府宣布修改《商会法》并承认各社会团体组织的合法地位。此外，此时已初具规模的社会团体在面对北洋政府步步紧逼的压力下，也表现出了对政府和官僚体系的对抗性。例如，为反对袁世凯称帝，各社会团体纷纷通电批判，并利用报刊引导舆论。在华盛顿会议期间，"全国商会联合会和全国教育联合会等民间团体，又积极敦促政府利用这一时机，维护并收回中国主权。"[②]为此，政府谈判代表在华盛顿会议上据理力争，终使日本撤出驻军并归还了山东的一切主权。另外，20年代初期全国商会还发起废督裁兵运动，向政府提出了裁减军队、整理财政和制定宪法三大政治主张，产生了巨大的社会反响。1922年5月，全国商会、教育会、农会、银行工会、律师工会等社会团体在上海发起了"国是会议"，成为这一时期社会抗衡国家政治力量的一次重要活动。由此可见，这一时期的城市社会组织和团体为了国家和自身权益，与国家产生了较为激烈的冲突，这是之前历史时期从未出现的状况，一定程度上表明了经过晚清和民初的社会发育，近代中国社会力量得以崛起，其组织能力也日渐增强。这从一定程度上证明了北洋政府时期社会力量的壮大和繁荣，政府借助压制社会力量重塑国家权威地位的屡次失败更确证了社会在经过晚清时期的发展和培育，在城市社会已经较为巩固和充实，并从地方和分散化的组织体系扩展为全国性的组织网络。由于这一时期国家的持续孱弱，使得国家不得不借助社会力量来实现自身的政治意图。正是出于这一目的，北洋政府对社会力量的压制显得十分克制，羸弱不堪的国家体系只能坐视社会力量的崛起，并通过与社会的合作保持统治地位的稳固。

　　第二，军阀割据时期国家和社会的初步合作。随着袁世凯的去世，近代中国步入了军阀割据混战的历史时期，国家与社会在长期的战乱过程中都遭遇到了巨大的破坏，原有的国家与社会格局在这一时期由于统一国家政治力量的缺位而处于剧烈的变动中。由于军阀之间陷入了长期而剧烈的军事对峙

---

①　天津市档案馆，天津社会科学院历史研究所，天津市工商业联合会.天津商会档案汇编（1912—1928）（第1册）[M].天津：天津人民出版社，1989：694.

②　朱英.论清末民初社会对国家的回应与制衡——近代中国国家与社会新型互动关系系列研究之二[J].开放时代，1999(2)：59-65.

与战争,地方政权往往无暇顾及对社会的管理。国家对社会控制力量的退场和解体,使得社会在这一特定的国家权力"真空"环境中获得了短暂的自我发展空间。虽然社会组织和社团的发展也受限于动荡的政治环境,但由直奉皖桂系所分裂的政治体系并不能有效限制经贸活动和社会交往的扩展,因此使得"许多自愿结合的社会团体……出于经济的、社会的、政治的、教育的和文化的各种目的,这些自愿社团以合法的非法的、公开的或隐蔽的、公共的或私人的形式存在"①。经晚清以来积数十年之发展,彼时的社会力量已经获得了长足的进步,其对社会的影响逐步从经济领域扩展到教育、文化、卫生和市政等领域的服务与管理,并能依托自我组织能力维持社会基本秩序。与此时的国家力量相比,社会力量无论在范畴上还是在深入基层社会的能力上,都较国家更具活力和渗透力,对社会的管理和服务也远比国家为强。同时,限于混战的军阀政府既无能力也无兴趣承担社会治理的职责,因此更乐于与社会团体进行合作来实现对社会的间接管控。军阀政府主要向社会治理提供所必需的政治和军事安全保障,其余的治理职能均委托社会力量加以履行,以此建立起了与社会力量之间的合作契约关系。可以说,这一时期的社会力量的壮大和繁荣是军阀政府有意为之的结果,是国家对社会扩张的授权和鼓励,而国家与社会双方均在这一关系模式下建立起了某种默契和平衡,以此达到国家政权维系和社会运转在轨的双赢局面。

第三,南京国民政府时期国家控制的强化。随着蒋介石在军事和政治上获得国民党内的控制权,南京国民政府在东北易帜后完成了对全国形式上的统一,这也同时意味着国民政府拥有了重获社会控制力的能力和意愿。为了重获政治权威和对社会资源的控制,南京政府便展开了对城市近代社团的清理整顿。1926年国民党二大就出台了《商民运动决议案》,认定"现在商会均为旧式商会,因其组织之不良,遂受少数人之操纵……借军阀和贪官污吏之势力,在社会活动,以攫取权利"。借此,南京政府开始强势介入社会团体的管理,而这种国家干预社会的活动也呈现出了一个新的特点,即突出国民党这

---

① 徐小群. 民国时期的国家与社会:自由职业团体在上海的兴起(1912—1937)[M]. 北京:新星出版社,2007:1.

一政党对社会团体的管理权威。从 1927 年国民党通过《各级党部与各级民众团体之关系条例》开始，就规定各社会团体与组织"应按其性质与范围受各级党部之监督与指导"，而党部与政府在对基层社团管理的工作分工上也是规定以党为主，"各县民众团体之组织应由临时或正式县党部指导，县政府不得干涉"。至 1928 年，国民党出台了《民众运动案》，正式明确了"党部指导、政府监督"这一社团管理原则，即"人民在法律范围内，有组织团体之自由，但必须受党部之指导与政府之监督"，并要求"各民众团体除将工作照章报告党部外，应向各地方主管官厅每月报告一次"。抗战爆发后，南京国民政府一方面为了应对战时特殊之状况，另一方面为了借助战时加强对社会控制的目的，进一步收紧和强化了对各社会团体和组织的监控和管理。其制度化举措较有代表性的是 1940 年隶属于行政院的社会部的成立，该部从原国民党内部机构转为政府行政机构，随之也扩大了对各社会团体的介入力度。要求"所有人民团体之组织程序，自应全部划归社会部主管"，并出台《非常时期人民团体组织纲领》，建立起了对各职业团体强制入会和派遣书记等制度，要求各工商业者根据业务性质加入商业或工业同业公会。为了有效扩大对社会团体管理的覆盖面，南京国民政府对社会组织的管控摆脱了北京政府时期主要针对工商业团体控制的限域，进一步将强制入会和派遣职业团体书记的范围扩大至农会、渔会、工会、商会、同业公会、律师公会、会计师公会、新闻记者公会、医师公会、药师公会、工程师公会等各种职业团体，规定所有具备法定会员资格的从业人员都必须加入当地依法设立的社团。

可以说，南京国民政府成立后对社会团体和社会力量的发展是相当警惕的，其对社会进行严格控制的意图也是十分明确的。无论是国民党内部还是国家行政层面都出台了诸多的法律规范限定社会团体的日常运作，并借助政党力量全面参与和介入社会团体的发展。一方面，受制于南京国民政府时期独特的"以党治国"口号和逐步成型的"党国体制"，国民党的力量全面侵入了社会生活和政治组织的各个层面，国家官僚体系、意识形态、社会精英和基层社会团体均受到国民党的强烈影响，政党在这一模式下已然充当起了代表国家的政府和代表社会的各类社会团体和组织的中介，承担了社会和政治的双重职责与角色。另一方面，抗战之后不断收紧和扩展的对社会的控制，又打破了近代以来民间团体与国家之间构建起的自下而上的沟通渠道和彼此之间的合作基础。从这一层面来看，南京国民政府借助政党力量在一定程度上实现了国家对社会的全面统驭，强大的国家主义力量严重压制和侵蚀了社会的独立运作空间。但也应清晰地看到，这一时期国家力量的强大是建立在合法性先天不足的国民党一党专政和严酷的战时体制之下的，国民党借用自身较为强大的组织力量"覆盖"而不是"替代"近代的社会团体，这并不代表社会的发展模式和空间退回到了晚清之前的状态。实际上，经过了一个世纪激烈的经济、社会和政治的变革，中国民间社会的发展已经初具规模，适应工商业和城市发展的社会团体已经延伸至最基层的社会空间之下，由此所带来的社会结构变化和民众心态改变已经产生了不可逆转的影响，中国国家与社会之间的关系已然从传统模式逐步走向现代的有限合作和制度管控。当然，这一有限的历史进步虽然扩大了社会力量，但受制于复杂的政治环境和社会基础，大规模动员和组织社会的机制尚未在近代中国形成，也使得国家在这一状态下难以彻底打破"总体性危机"的困局，这不仅成为中国国家与社会力量再调整的动力基础，也呼唤有效将社会"组织起来"的革命实践。

通过其上对近代以来中国国家与社会关系结构样态历史变动进程的回溯，可以发现，晚清以来由西方的军事与制度压力所造成的"总体性危机"，开启了中国内部社会与国家关系重构与调整的内在动力。经过洋务运动、清末新政和民国时期资本主义工商业的持续发展和城市的扩张，中国近代的乡土社会逐步走向衰落，基于差序格局血亲网络和国家政权在乡村的权力文化网络的双重式微，加速了士绅阶层作为乡土社会与国家间中介桥梁角色的崩溃。使近代中国国家与社会关系的主轴由乡土社会与皇权关系向城市社会与国家官僚体系逐步转变，最终在近代中国"形成了一个以经济领域为基础的、相对独立于政治国家的"城市民间社会的空间体系，这一空间中包括了各类商会、行会组织，逐步成熟的善会、善堂等慈善组织，新兴的各职业公会和民间社团组织等，这个社会空间在近代中国城市呈现出逐步扩张和自我循环的趋势，并逐步脱离了国家官僚体系的管控与介入。这一社会空间具有两大基本属性：一方面，通过承担社会某一领域的组织者角色，逐步成为国家政权的支持与助手，社会也有赖于通过国家支持而获得自身的发展。另一方面，作为生发于城市基层的民间社团组织，其本身就是在国家与社会之间关系的夹缝中得以产生和发展的，其成立和运行也主要是为了满足国家尚未覆及领域的自我需求，因而天然具备与国家相分离的动力。这种动力也随着近代国家政权的不断衰退呈现出更为明显的离心趋势，最终成为倒逼国家与社会合作的力量基础。

大量民间社团组织的建立，主要职能也从最初的群体自我保护交流，逐步延展为承担相应社会职能和维持社会秩序，并依托于公共服务能力与国家建立起了稳定合作的关系形态。随着社会力量的壮大，其维护自身权益和发展空间的诉求逐步明显，并在晚清和民国一系列的政治事件中表现出了强大的组织力和舆论引导力，这使得近代社团逐步走向了国家的对立面。但值得注意的是，近代以来社会发展和与国家合作机制的建立并非源自国家官僚体系的本意，而是国家在总体性危机下不断衰败的"意外后果"，一旦国家官僚系统获得合法性权威、取得完整的政治控制权力，国家就开始尝试逐步加强对社会的管控能力，这在南京政府时期表现得尤为突出。总体而言，近代中国国家与社会之间的关系处于不断调适和剧烈变动的时期，两大主体都在尝试寻找自身的定位，并持续地存在着冲突与合作。但缺乏稳定政治环境的近代中国，无论是经济发展还是国家安全，均不能给国家和社会提供一个长期稳定的发展预期，使得国家与社会最终没能探索出契合现代化发展需要的双赢共存模式。这种缺憾不仅成了中国近代持续的社会与政治革命的根源之一，也成了国家应对近代"总体性危机"全面失败的现实背书，它呼唤着一场彻底的政治革命和底层动员模式的建构，从而将民族力量整合到国家赶超发展的宏大叙事之中。

第四节　单位社会："单位—国家同构"

中国传统社会在近代由于西方化的冲击而面临着总体性危机，在经历近百年的社会混乱与探索之后，"单位社会"模式最终为中国社会的政治精英与思想精英所选中，作为一种现代化方案重新整合中国社会。虽然单位社会与传统社会存在着诸多不同之处，但在"国家与社会一体化"特征方面，却表现出了惊人的一致性。单位社会的制度基础是单位制，它将社会中一切微观组织如工厂、商店、学校、医院、党政机关等都变成了单位（在农村中是以人民公社的形式），单位几乎垄断了所有与其成员相关的社会资源，集政治、社会、专业分工等多种功能于一体。单位边界的相对封闭与单位内部的行政化管理，使其成为国家行政管理体制的组成部分，单位之外的社会空间几乎不复存在，国家与社会高度一体化，其程度甚至较之传统社会更为显著。单位成员对单位高度依赖，而国家则通过单位的组织形式直接对社会实行行政化管理。笔者认为，单位社会这一特征的维持主要在于，国家与社会的微观单位——单位组织之间保持着"同构性"，这种同构性的支撑主要来自以下三个方面。

一、全民主义倾向与革命乌托邦思想

在面对近代中国社会的总体性危机时，中国的社会思潮也逐渐走向激进。全民主义取向与革命乌托邦思想大行其道①，并且在中华人民共和国成立后逐步融入了意识形态之中，成为单位社会形成和维持的主要思想支撑。在近代中国社会的政治精英和思想精英出于对"涣散无力"的传统社会的激烈否定，在对社会改造方案的选择方面表现出了强烈的全民主义倾向，加强社会组织性与凝聚力的思想观念被反复提及。从晚晴康有为、梁启超、严复等人对"群学"的大力提倡，到毛泽东对"民众大联合"的强调，都试图将民众凝聚成一个整体力量，以彻底克服传统社会"一盘散沙"的弊病，实现社会重组。这种强调社会整合与动员，以提高族群竞争力的理念，不仅成为近代"革命话语"的重要组成部分，更是在单位社会建立后融入意识形态，成为社会体制建设与管理方式的重要依据。除此之外，革命乌托邦思想大行其道，亦是单位体制的重要思想支撑。中国传统文化本身便有诸多乌托邦元素。近代中国社会的总体性危机所造成的沉重苦难，使得中国的政治精英和思想精英更加迫切地追求"福地乐土式"的理想化社会形态，寄希望于通过彻底的社会变革将各种

---

① 田毅鹏，刘杰."单位社会"起源之社会思想寻踪[J].社会科学战线，2010(6)：165—173.

问题予以完全解决。而追求理想的平等、公正社会的马克思主义即在此背景下传入中国，并在本土化过程中与本土的乌托邦元素相融合，从而使中国在新社会制度的建设中表现出了强烈的超越意识、有时甚至是脱离客观现实的空想式的追求。单位内部的平均主义、终身雇佣和福利保障、人民公社的大锅饭等都是这一思想意识的反映。而全民主义对社会动员能力的强调又使得新制度必须将社会成员置于行政化组织之中，这两个方面的倾向结合最终使单位成了功能高度集中的组织形式。单位本身便是一个拥有行政结构的小社会，是国家的同构体。

二、党政相融的科层制系统

中国共产党由于拥有对马克思主义的坚定信仰和严密的组织形态，在争取革命胜利中逐渐成为一个非常强大的政党集体。在取得政权成为执政党之后，这种组织的严密性与高效性很快便体现在了对社会的管理上。由于"无产阶级专政"的理念，在单位社会中，中国共产党在各级管理层次一般都设有党组织，使得党对中国社会的领导自上而下高度统一。这种管理形态(或领导机制)与现代韦伯式的科层官僚制相结合，使其对社会的管理效能得到了前所未有的提高。中国共产党一直所奉行的"群众路线"，使其在基层社会中拥有庞大的干部数目及影响力。"传统社会官僚人数大约是数万人(不算吏员)，国民党官员有 70 万人，而共产党的官员则高达几百万人的数量级。1953 年，拿国家薪水的全国干部总数已达 390 万。1957 年，共产党员人数已达 1 272 万人，到 20 世纪 80 年代初中国拥有 4 000 万名党员、2 500 万名国家干部，这是历史上闻所未闻的官僚机构庞然大物。"[①]如此庞大的官僚系统与科层制的高效、稳定、精确、纪律严明等优势相结合，则使其对社会秩序的掌控达到了更大范围。传统社会国家官僚机构只能延伸到县一级，而单位社会中的垂直一体化官僚机构却在农村延伸到了自然村(以人民公社为组织单位)，在城市则延伸到了单位。这使得行政体系之外的民间社会完全消失，社会被彻底官僚化。

---

① 金观涛，刘青峰. 兴盛与危机——论中国社会超稳定结构[M]. 北京：法律出版社，2012：371.

这种行动整齐划一、与意识形态相结合的科层官僚制使单位嵌入于国家的行政体系之中,将单位与国家直接相连,单位与国家之间的同构效应完全为二者保持一体化而服务。

三、利益组织化运作

利益组织化运作的概念由张静提出,用以描述单位体制"政行合一"的特点,即单位兼有行政管理与利益传输的双重职能。由于"这种制度化联系渠道(或机制)由两个相互作用的环节构成:即自下而上的利益传输和合法性供给与自上而下的政策执行(及利益满足)"[①],这两个方面是基层社会秩序的核心所在。在单位社会整合中,单位直接隶属于各级政权组织,甚至本身就具有行政级别,单位领导职务本身便是国家行政职务序列中的公职,这使得单位成为国家行政体系中的组成部分。单位的这种行政色彩使其承担起了维护单位内部社会秩序的责任。而在另一方面,高度集中的计划管理体制也使得资源分配形成了"层级垄断"的格局,单位所需的自愿输入完全依赖上级国家政权,而单位内部成员的资源获得也完全依赖单位的分配,这样单位成员对单位的依赖实质上变成了对国家政权的依赖,这种依赖兼有全面性、强制性和政治性的特征。但这并不意味着,这种关系结构不存在自下而上的维度。中国单位社会中的科层化具有结构科层化与功能科层化相分离的特征[②],这既削弱了单位的外部技术约束,又使单位缺乏内部技术限制。高度集权的行政等机制,使得上级在获得单位信息方面面临着极大的困难,单位可借由这种信息不对称在表面的一致性之下产生大量的非正式运作机制。这造成了单位在高度制度化的同时又具有了某种隐蔽的自主性,如灵活地执行上级政策、单位自身运作的弹性等。单位成员出于维护自身利益的考虑,会积极运用各种正式、非正式的手段参与到单位的日常生活政治之中,而单位领导出于单位利益代言人的身份也会同上级部门或其他单位讨价还价,争取本单位利益最大化,这使得单位个体成员利益寻求在某种程度上被"公共化",它与单位隐

---

① 张静. 国家与社会[M]. 杭州:浙江人民出版社,1988:190.

② 李猛,周飞舟,李康. 单位:制度化组织的内部机制[M]//应星,周飞舟,渠敬东. 中国社会学文选. 北京:中国人民大学出版社,2011:494.

蔽的自主性相结合，形成了对单位成员要求的反馈机制。这种利益组织化的运作机制，使得单位既是一个行政机构又是一个政治活动场所，单位与国家成为一对同构体。利益组织化运作是单位社会实质的运作方式，构成了支撑单位社会的整体稳定性与一致性的基础。

综上，全民主义倾向与革命乌托邦追求构成了"单位—国家同构"效应的思想支撑，党政不分的科层官僚制构成了"单位—国家同构"效应的联结机制，利益组织化运作则构成了"单位—国家同构"效应的运作方式。单位社会中的"单位—国家同构"效应与传统社会中的"家国同构"效应之间存在着诸多不同之处，如所依赖的意识形态、经济形态、制度形态等完全不同。传统社会中的"家国同构"实质上是"国家的拟家化"，而单位社会中的"单位—国家同构"实质上是"单位的拟国家化"，二者的同构向度完全相反。但二者在"国家与社会微观单位的同构"这一点上却极为相似，在其同构效应所导致的国家与社会一体化、国家权力在基层社会非正式运作等方面也带有一致性，这种同构效应及其影响在中国社会的整合中拥有深厚的文化与组织基础，从而形成了一直以来中国的"大共同体本位"的传统。这一特征在后单位社会新型国家与社会关系的构建中仍然不可避免地发挥着自身的影响。

第五节　后单位社会的"国家—社会关系"

所谓后单位社会，并不是指单位社会结束之后与之相承接的阶段。20世纪80年代之后，随着市场化的进行，单位外部组织开始萌生、单位人员开始向体制外流动等因素促使单位体制开始出现松动。20世纪90年代后随着社区建设的开始，单位自身大量破产、改组，单位社会开始了快速消解的过程，但单位体制却并没有完全消失，之后在社会的某些领域甚至出现了反弹（如大型国企），其影响力至今犹在。因此，后单位社会即是指单位社会逐渐瓦解但并未消失的缓慢过程，体制转型与社会转型已经开启但尚未定型、社会整合面临众多问题的时期。在后单位社会中，国家与社会一体化被逐渐打破，国家控制方式与社会结构处在持续的、深刻的变动之中。国家与社会关系具有以下特征。

一、国家与社会出现分化

后单位社会中，国家与社会微观单位之间的同构效应逐渐减弱，社会开始作为一个具有相对自主性的主题孕育和发展。1978 年后，中国的市场化改革是国家基于单位社会中经济停滞而开启，其目的是在维持社会秩序总体稳定的前提下推动经济的发展，但市场化的发展却逐渐催生了一个独立于行政体制之外的市场空间。首先是在农村通过分割土地产权的方式使分散型小农经济的存量又重新释放出来①，乡镇企业的发展也打破了农村公有制经济一统的局面。城市中双轨制的实行使体制外的人群和空间开始增长。国家通过放权让利的方式逐步缩小了对社会的控制范围与力度，虽然其初衷在于发展经济，但在事实上却促成了国家与社会关系的重组。20 世纪 90 年代中期后，城市中国有企业的全面市场化改革的实行也使得单位制的消解开始加速，社会阶层开始形成多元化的结构，民间组织也得到了初步发展。尽管剧烈的社会转型也产生了很多问题，如三农问题、城市贫困问题等，加大了后单位社会中国家对社会掌控的难度，但国家与社会的分化却已然成为现实，这也为"国家—社会关系"分析框架在中国研究中的应用提供了现实基础。

二、社会弱小、碎片化

虽然后单位社会中国家与社会的分化是不争的现实，但二者的关系却完全处于非对称的地位。相较于后单位社会中国家对社会和市场拥有极强的自主性与控制力，社会发展缓慢，力量弱小，跨领域、跨地区、跨人群的社会横向连接仍然相对薄弱，社会资本存量少，社会呈现出碎片化的形态。由于1978 年之后中国的改革主要集中于经济领域，其核心目标在于推动经济发展，国家对社会的经营远远滞后于对市场的经营。出于对经济效率的追求，市场原则开始逐渐侵入到非经济领域，甚至连社会保障体系也被商品化，最终导

---

① 王星. 1978 年以来中国"国"与"民"关系之历史演进——立足于国家自主性理论的思考[J]. 人文杂志，2011(2)：58—70.

致了 20 世纪 90 年代中期"市场社会"①的出现。因此，这一时期虽然国家力量从社会领域中相对退出，但同时造就了一个"脱嵌"的市场力量，它对社会领域大肆侵蚀，试图完全以经济原则支配社会，使得刚刚起步的社会发展处于极大的困境之中。因为一个完全脱嵌的、完全自发调节的市场经济"能无情地割裂人们与种种社会群体之间的伦理纽带，把他们转化为在市场中追逐自身利益最大化的独立个体"②，其对社会的冲击是毁灭性的。虽然自 20 世纪 90 年代末国家开始了抵制经济脱嵌于社会的保护性反向运动，出台了各种社会政策对市场社会进行干预，但其对社会的保护仍带有补救和滞后的性质。可以说，在后单位社会，相对于国家与市场的实力强大与自主性而言，抑制社会自主性的因素太多。尽管民间组织也得到了初步发展，但社会内部的契约性规则、自制能力、相对公平的利益格局等发展都极不完善，对社会转型中产生的严重社会问题无法发挥应有的调节作用，社会治理的难度增大，社会力量在总体上仍是十分弱小的，社会形态呈碎片化。

三、国家对社会控制的选择性强化

与后单位社会中国家与社会在力量上的非对称相对应的，是国家对社会控制方式的转变。如果说后单位社会中国家与社会的分离只是早期经济改革的附带效应，那么，20 世纪 90 年代以后国家对社会控制方式的调整则更带有主观性和策略性。这一点在对社会组织的控制上表现得尤为明显。对权威主义政府而言，社会组织既是它的制约力量，又是它的辅助力量，而中国政府又在后单位社会中占据了绝对的主导地位，这使得政府在面对众多社会组织开始涌现的局面时，可以根据国家利益最大化的原则来处理国家与社会的关系，在具体做法上即是根据"各类社会组织的挑战能力和提供公共物品的种类"来对它们实施不同控制策略的"分类控制体系"③，或支持鼓励，或任其发展不加干预，或坚决取缔，通过这一体系操作，国家仍然牢牢地控制着政治领域和公共领域。此外，在农村与城市社会之间，国家对城市社会的控制远

---

①　王绍光. 大转型：1980 年代以来中国的双向运动[J]. 中国社会科学，2008(1)：130－132.
②　王绍光. 大转型：1980 年代以来中国的双向运动[J]. 中国社会科学，2008(1)：148.
③　康晓光，韩恒. 分类控制：当前中国大陆国家与社会关系研究[J]. 社会学研究，2005(6)：73.

强于农村社会。1978 年之后，从家庭联产承包责任制到村民自治，国家在农村社会的改革起步早且放权让利的幅度较大，因为包产到户实际是恢复了传统农业社会中分散的土地经营方式，农民无法摆脱对土地的依赖，因此，国家农村社会的放权让利并不会导致后者发展成为国家的挑战力量。相比之下，国家对城市社会的控制则较为严格，改革步伐一直较为谨慎。直到 20 世纪 90 年代初，城市社会中单位体制所受到的触动一直不大，而之后城市全面的市场化改革虽然带来了经济性放权，但分税制改革与 2001 年以来新双轨制的形成都极大地增强了国家的自主能力，在城市社会矛盾复杂、人群多元化、社会结构日益分化的发展趋势下，国家也仍然能通过多元化的手段对城市社会保持严密有效的控制。这种国家对社会的持续性控制与后单位社会中一直存在的经济性让利放权形成了鲜明对比，国家对社会的控制方式虽有变化，但基于维护权威与秩序控制的总体目标却没有改变，这不仅是导致社会自身弱小、碎片化的原因所在，而且后者反过来也加强了这一控制方式。

四、国家对社会的"法团化"控制

后单位社会中国家对社会不同部分的控制，强度虽有所不同，但在控制手段方面表现出将新生社会组织与阶层纳入体制化的倾向，国家对社会呈现出法团化的控制方式。在最初的农村社会改革中，财政包干制与地方分权的实施使得基层政府、地方社区、乡镇企业或集体企业之间结成了利益共同体，相互支持协作以达到共同利益的最大化。地方政府运用各种手段支持、扶植乡镇企业发展，而后者也为地方政府提供财政收益、为社区成员提供就业机会和各种福利。最明显的例子就是，很多乡镇企业与集体企业的主管本身就是地方社区或乡镇的领导人。这种"地方政府法团主义"是早期中国乡镇企业快速发展的重要原因。而 1978 年之后，在中国城市社会中民间组织的发展也十分迅速，"文革"之前中国民间组织总数只有数千家，而到了 2008 年，全国登记注册的民间组织总量已经超过了 41.1 万家。但社会力量的快速增长却并没有造成西方式的市民社会的形成。一方面，国家虽然无法完全垄断对社会组织的控制，全能国家的控制模式正在逐渐弱化，但国家转而运用更加制度化的手段来加强对民间组织的控制，如 1989 年出台的双重管理制度。"政府建立的非政府组织"（GONGO）也在其中扮演了重要角色，它们受官方支持，拥有丰富的资源。虽然其自主空间逐渐有所拓展，但半官方的性质却一直没有根本改变。而且在近年来，国家更试图把体制外的抗争行为（如农民工维权、上访等）也纳入制度化的框架之内，这种柔性控制最终促成了中国社会法团化的运作方式。另一方面，中国新崛起的社会力量也无法完全独立于政府，它们需要与政府合作为自身的发展与安全提供保障，如经济精英、NGO 等，它们会主动建立并依赖这种庇护关系，从而形成了"庇护型的国家法团主义"①。因此，后单位社会中国家对社会的法团化控制，在很大程度上可以说是国家与社会双向选择的结果。

综上，后单位社会中国家与社会分离已然成为事实，但二者之间却并未形成对称均等的关系，国家对社会控制的选择性强化与法团化控制，不仅使国家在实力与自主性方面对社会保持优势，而且使国家与社会出现了相互融合的趋势。在这一背景下，因国家与社会的双向互动而在基层社会形成了重层结构，并兼有国家性与社会性的双重性质。在重层结构中，国家与社会力量之间的连接呈上下梯次分布，并会随着国家与社会力量的消长、互动类型的变化而上下移动，因此，它是一种动态的结构。在当前的基层社会治理实践中，我们能清晰地看到重层结构的运作特征。一方面，国家力量不断"自上而下"地将其力量向下推进以实现自身的目标，而社会力量则以柔性的"自下而上"的方式向上推进，二者在基层社会频繁互动并将自身意志嵌入对方目标之中，导致在基层社会难以找到国家与社会之间的清晰界限。

---

① 张钟汝，范明林，王拓涵.国家法团主义视域下政府与非政府组织的互动关系研究[J].社会，2009(4).

第三章 重层结构的理论阐述

无论是古典自由资本主义还是马克思主义，都试图以二元对立的方式来理解国家与社会的关系，而在中国历史传统和新时期社会治理实践中，基层社会都呈现出国家与社会力量难以二分和交互的运作方式，为此，本研究试图以"重层结构"这一概念把握中国城市基层社会运作特征。

第一节 重层结构的基本内涵

无论是在传统社会还是单位社会，国家与社会一体化特征都十分明显，而其维持机制主要基于国家与社会微观单位之间的同构效应。可以说国家与社会的一致性造就了二者的一体化，这是中国社会区别于近现代西方社会的主要特征。后单位社会的形成伴随着国家从社会中的退出、加强与重构，市场化、国家主义、多元主义、法团主义等多种不同模式相互激荡，使后单位社会纷繁芜杂难以把握。但国家强势、社会弱势和法团模式的盛行等，从本质上说都仍然还是国家与社会一体化特征的隐性延续，而国家与社会相互融合的趋势则是二者通过寻求一致性来获得基层社会秩序的传统治理逻辑的体现。因此，一致性而非对抗性的国家与社会关系仍具有较强的生命力和现实基础，这应成为思考后单位社会治理的基点所在。

需要指出的是，国家与社会一体化并非二者实现了真正消除彼此之分的融合，而是国家侵占了社会。这使得国家力量在渗透到基层社会时，仍需要同人们的日常生活世界发生互动，才能实现公与私之间的转换，最终将国家意志贯彻其中，使国家能力得到体现。因此，这一过程不得不依赖兼有公私、官民性质的协调结构才能得以实现。从传统社会的士绅阶层到单位社会中单位内部幕后的解决机制，再到后单位社会中"社会组织法团化"，都是这一治理逻辑的体现。这种带有双重性质的协调结构的存在是国家与社会一体化能维持稳定的基础所在。对这一独特结构的考察，是理解国家与社会一体化特征的关键。在这一方面，黄宗智提出的"国家与社会间的第三领域"概念，可视为较早的研究努力。他认为"在国家与社会之间存在着一个第三空间，而国家与社会又都参与其中"①，此后他又把这一概念修正为"集权的简约治理"，并指出"它很可能会在塑造有中国特色的政治现代性中扮演一定角色"②。之后，强调国家与社会合作的法团主义在中国研究中的引入与广泛应用，在对这一独特社会结构在当代中国社会发展的影响方面，又进行了更为深入的研究和探讨。但上述研究中仍是将其看作是一种不同于西方国家与市民社会模式的独特结构，所秉持的是一种静态描述的视角，而对这一带有传统、前现代色彩的协调结构，应在当代中国国家与社会转型方面发挥何种作用方面则鲜有论及。而对这一问题的解答，在中国后单位社会治理中可能更为重要。因此，与其将它看作是一种静态的第三领域，不如将它看作一种动态的重层结构，重层结构因国家与社会的双向互动而产生，兼有国家性与社会性的双重性质。但它并非一个与国家、社会并列的独立领域，而是依赖二者而存在。而且它处于国家与社会之间，如果将国家与社会个体之间的连接看作是一个呈上下梯次分布结构的话，那么重层结构便位于其中，而且它会随着国家与社会力量的消长、互动类型的变化而上下移动，因此，它是一种动态的结构。

在这个"重层结构"的场域中，国家权力与社会都倾向于将自身势力最大限度地向对方渗透，以求获得最大的作用空间。因此，在权力的设计上，双方都出现了将自身"对方化"的倾向，即代表个人权利的公共权力倾向于一定程度上在形式上将自己转化为政府权威，以求将自身意志通过间接的方法影

①　黄宗智. 中国研究的范式问题讨论[M]. 北京：社会科学文献出版社，2003：260.

②　黄宗智. 集权的简约治理——中国以准官员和纠纷解决为主的半正式基层行政[J]. 开发时代，2008(2)：10.

响政府权力，并为自身利益提供保障，即"公共权力的权威设计"。而政府权力则倾向于在形式上转化为带有民间色彩的公共权力，以求尽量将自身影响向基层渗透，即"国家权力的社会性设计"。二者都体现了当自身作用发挥到极限时，通过间接的方式发挥影响力的权力设计方法。

重层结构存在的核心要素，就是权力运作"对方化"的行为倾向。这种权力对方化的倾向往往在民间力量比较弱的社会存在得较为明显，因为，面对国家权力的强力扩张，社会力量弱小不得不借助于间接的方式来实现自身诉求，维护自身权益。而国家在将权力推进到底层时，也会受到基层社会力量的强烈抵抗，需要通过权力"对方化"来渗透，正是因为如此，这种权力的重层结构主要存在于社会基层。一般而言，重层结构位于政府行政权力的末端和社会个体权利的顶端。如果将国家与社会个体之间进行梯次分布的话，那么国家力量往往倾向于将这个重层结构向下推，以使国家力量占据更大的势力范围，而社会力量则倾向于将这个重层结构向上推，以求使社会力量获得更大的活动空间。

正是由于民间力量倾向于把重层结构看作是维护自身权力的缓冲带，而国家力量则倾向于将它看作是向民间渗透的前进基地，因此，在这种重层结构中，存在着国家与社会的既博弈又协作的关系，这种张力的存在使重层结构既可能成为国家控制社会的工具，又有可能成为建构社会自主性的屏障。它发挥何种作用取决于重层结构在国家与社会间连接的梯次格局中的移动向度。在后单位社会治理中，国家仍然发挥主导作用，逐渐通过制度或组织建设缩小对社会的干预范围，使重层结构逐渐上移。同时，通过资源下放等方式利用重层结构对社会进行培育和扶植，避免因国家权力的过早退出而造成社会的解组（就像20世纪90年代初所形成的市场社会一样），通过这种重层结构的上移过程，最终将一个强大的"利维坦"（leviathan）改造成一个有效且有限的现代型国家，将国家与社会的关系置于一个良性平衡的位置上。只有这样才能真正超越"家国同构"和"单位—国家同构"效应，实现后单位社会的体制转型与社会转型。显然，重层结构能准确地表达当前基层社会中多元权力主体协同治理的现实样态，正是在这种动态交互的权力运作方式中，国家才能充分吸收多元的社会力量充分参与，有效克服管控式的官僚主义和科层制的僵化运作，推动构建"共建共治共享的社会治理共同体"的实现。

第二节 重层结构中的多元权力主体构成

基层社会中重层结构的良性运作有赖于其中多元权力主体作用的有效发挥，尤其是在基层社会中具有利益相关性并能有效发挥功能和影响力的相关主体。具体而言，根据其不同属性，可大致将其划分为三个类型：行政性主体、自治性主体、营利性主体。这些主体秉承不同的逻辑，从两条不同的路径参与重层结构的运作。其中行政性主体包括基层党组织、基层政府及其派出机关——街道办事处和居民委员会等，通过自上而下的方式运作行政权力和组织动员能力对重层结构的运作施加影响，以实现自身的社会治理目标。行政性主体的主要作用在于把握政治方向，有效提供公共服务并推动社区自治。自治性主体和营利性主体主要包括参与社区治理的社会组织、居民、政府购买服务的企业、物业公司等。它们主要通过"自下而上"的社会参与来协助政府提供服务并动员居民参与社区治理，维护居民的权益，对行政性主体所提供的服务起补充作用。

一、行政性主体

行政性主体包括基层党组织和基层政府及其所派出的街道办事处和居委会等，党组织把控着大方向，基层政府及其所派出的街道办事处和居委会在党的领导下，在社区治理中起着主导作用。

1. 基层党组织

基层党组织是重层结构中领导社会治理的战斗堡垒和引领者。在"政党组织社会"的国家治理逻辑下[①]，基层党组织凭借坚实可靠的政治路线和方向，在整合社区资源和维护社区稳定上发挥着不可替代的作用。党组织作用的发挥是重层结构形成和维系的重要条件，具体表现如下。

---

① 叶敏. 政党组织社会：中国式社会治理创新之道[J]. 探索，2018(4).

(1)党民结合的组织结构。党在历史发展奋斗的历程中形成了"群众路线",这一路线使党能通过充分吸收群众的意见,并充分动员群众的社区参与和社会参与,从而有效克服科层化和官僚主义、形式主义带来的弊病,令中国共产党能克服历史周期率,最终实现新民主主义革命和社会主义革命和建设的胜利。在当前的基层社会治理中,群众路线是推动党与人民群众相结合的组织结构的主要因素。

所谓群众路线,就是一切为了群众,一切依靠群众,从群众中来,到群众中去,把党的正确主张变为群众的自觉行动。在具体的工作方法方面:"将群众的意见(分散的无系统的意见)集中起来……一次比一次更正确、更生动、更丰富。"①这一路线可追溯到中华优秀传统文化中的民本思想精华,同时也是对马克思主义的群众观的本土化改造。中国共产党在革命战争实践中,群众路线的内涵和工作方法越来越明确和清晰,通过依靠群众、发动群众、组织群众、动员群众,党凝聚了强大的力量,最终不断发展壮大并取得了中国革命的全面胜利。在1949年之后,群众路线又在社会改造和社会治理中不断丰富,使党的执政基础不断地得到巩固和发展。在新时期的基层社会治理中,群众路线仍是党的基层组织与民众互动的中心方针和思想指导,这不仅能够保障党的执政基础更加巩固,而且也是提升基层社会治理能力和走向基层社会治理现代化的有效依托。在重层结构的互动机制中,正是通过群众路线使得基层党组织与群众保持密切的联系,一方面在治理实践中充分吸收群众的意见,凝聚人心,及时解决群众反映的突出问题,有效推动基层治理创新;另一方面又能充分地发动群众,使基层民众充分参与到重层结构的治理中来,充分发扬基层民主,促进党与群众协同共治,使人民当家作主的制度体系不断得到完善。因此,在重层结构中,依靠群众路线得以实现党与群众良性互动的二元结合的组织结构②不仅能克服治理僵化弊端,而且形成了一种能充分推动基层民众充分参与的运作模式和社会结构,从而有别于管控式的社会结构,这一结构也在新时期的基层治理现代化中成为一种可利用的治理依托,

---

① 毛泽东:《关于领导方法的若干问题》,1943年6月。
② 黄宗智. 重新思考"第三领域":中国古今国家与社会的二元合一[J]. 开放时代,2019(3).

同时也是基层社会治理能力提升的重要路径。

（2）党建引领基层治理体系优化。中国共产党作为执政党，在这个治理体系中发挥着体系协调和资源整合的作用。基层社会的重层结构中良性互动秩序的形成，首先要建立在结构科学、运作通畅、高效优质的基层治理体系的基础上。而在已有的结构中，则存在着诸多不协调的层级矛盾、条条矛盾和条块矛盾。而基层党建能将基层治理行动与自上而下的党组织系统联结在一起，同时有效协调"块块"上的资源和力量，实现基层治理体系的优化。

在中华人民共和国成立后形成的政府治理体系中，在单一制国家结构下形成了部门管理和属地管理两种并行的机制。其中由中央直属部委自上而下对下属职能部门的纵向管理，这种垂直管理的机制直达基层社会便是"条条管理"；由地方行政部门对其属地内各项事务进行横向的统筹管理，这种平面的管理也会对辖区内的基层社会有巨大的影响力便是"块块管理"。这种条块分割的体制保障了中央与地方政府在基层社会治理中能统一规划、协调一致，但也容易造成权责不清、运行不畅、信息沟通反馈不及时不充分等问题。对任何一个处于这一体系的职能部门来说，它都会面对条条上的直属领导部门和块块上的属地管理机关的双重领导，在执行具体政策时有时容易形成权责不对称、协调困难、各自为政以及管理不顺等方面的问题。而这些问题在基层社会治理中表现得尤为突出，基层社会（街道、村镇、社区等）处于各种条块部门的最底层，是具体管理责任的主要承担者。不管是条条部门，还是块块部门，都会把分割后的公共事务和管理任务下达到基层社会的执行部门中，而基层行政执行部门又缺少权责调动相关的资源协同处理，最终在解决重层结构中的各种综合性难题方面难以形成理想的治理效果。在协调条块部门运作方面，党组织系统具有明显的优势。因为无论是在条条组织还是在块块部门中都建立了统一领导的党组织，与各类行政部门的运作并行不悖。在党组织的结构上，党组织拥有自上而下的统一领导体系；同时，党组织内部遵循的民主集中原则又能有效克服科层制的弊端，实现基层信息的及时反馈和传递。因此，从理论上说基层党组织具有自上而下的系统协调能力，同时也有能力在基层社区（街道）横向整合人力物力等资源，实现基层行政系统和其他治理主体之间的有效整合，从而显著提高基层社会治理能力。因此，基层社会中区域化党建是引领基层治理体系优化的有效途径。在重层结构中，可通过基层党建等形式成立既包括块也包括条的组织成员的常设党组织形式，以党组织的常态例会来协调条块部门，使之在权责划分方面更加明确，在基层社会综合性公共事务的管理方面能协调一致，实现基层社会治理体系的优化。通过这种形式，基层党组织也能凝聚党员和社区居民，在社区治理时充分发挥其领导作用，以其政治力量为支撑，支持和保证基层政府能充分行使职权。

（3）党建引领社会秩序良性建构。社会秩序的建构是重层结构良性运作的基础，其直接表现为重层结构各种多元化社会主体关联和合作的形式与程度，而且缺乏社会主体之间的联合则会走向社会动荡和混乱。在中华人民共和国成立之初中国共产党所进行的社会重构中，其首要目标便是克服旧社会中人民"一盘散沙"的状态，最终的结果是单位制的形成。单位几乎垄断了所有与成员有关的社会资源，使单位完全依附于国家，从而形成了一种集政治、经济、社会各种功能于一身的高度合一的综合性社会管理体制。尽管单位制建立了相对公平的分配原则和低水平的福利制度，但却是以牺牲个体的自由和财产权利为前提的。个体对单位的全面依赖保证了国家强大的动员能力，却使得社区的公共空间完全消失，单位边界的相对封闭和单位内部的行政化管理，使得中国社会呈现出一种"蜂窝状"的结构，无处不在的政权力量通过单位与民众个体直接连接，使社区彻底"单位化"。虽然也有居民委员会这样的"自治组织"的制度设计，但其所统辖的多是单位体系以外的边缘人群。在当时的条件下，来自群众的"自下而上"的社会力量基本上是通过党和政府的动员形式加以激发的。

20世纪80年代以来，随着单位制逐渐走向解体，使得原有的国家—社会关系结构发生了剧烈的变化。市场机制的建立使得单位体制外的人群大大增加，社会空间急剧拓展，返城知青、离退休人员和下岗工人构成了城市单位制之外的三大人群，他们的住房、收入和福利已无法再由单位来承担。因此，承担社会服务的责任逐渐由单位转向了社会，在上述背景下，政府开始着力推动以社区服务为主要内容的社区建设运动，并逐渐成为我国城市基层社会管理的核心议题。在这方面，党组织可在重层结构中充分发挥组织吸纳和平台搭建的作用，推动社区参与水平的提升和基层社会中的良性社会秩序的建构。首先，党组织在推进基层民主建设上具有先进性，能保证人民群众依法行使民主权利，为维护社区稳定打下了坚实基础。重层结构中通过党建工作可充分动员吸纳基层社区居民广泛参与社区治理，提升社区自治水平。基层党组织能够搭建各种组织平台，通过各种日常集体活动凝聚人心，拥有带动群众建设的优势。其次，区域化党建也拥有相应的协调资源的能力，为社区自治水平的提升提供相应的权能，通过统筹基层群团组织的活动来更好地承担公共服务的职能，以党建来牵动基层社区自治的内生力。此外，基层党建也能充分运用自身的推动能力，大力培育社会组织。在实践中基层党组织可不断完善积累与社会组织的协作经验，尤其注意促进、引导能承接政府转移职能的服务型社会组织，基层党建也可以在社会组织中强力介入，运用自身的优势更好地推动其发展，以党组织为平台实现社会组织与基层行政组织的有效协作，更好地提升重层结构中的基层社会治理水平。

2. 基层政府机构

在重层结构中，基层政府机构是与社区居民直接接触最多的政府机构，对政府管理和基层民主的有机结合发挥着重要作用。在社区治理中基层政府扮演着主导者的角色。不仅承担着落实党的方针政策的根本性任务，而且担负着协调各主体之间协商交流的责任。基层政府拥有其他治理主体无法比拟的治理权能，其政策执行能力、公共服务能力、平安建设能力、议事协商能力等均在基层社区建设中发挥着核心作用。

街道办事处同样是基层政府的重要组成部分。尽管街道办事处在定性方面是基层政府的派出机构，在很多地方（如上海）的基层改革中，街道办事处已经成为"准一级政府"。他的主要职责是将上级党委和政府的治理工作转化为具体行动，在贯彻落实上级政策的同时也对社区居委会的工作给予指导、支持和帮助，从而回应辖区居民的诉求并维护其切身利益。因此，街道办事处不仅是社区治理的参与者，也是社区工作的指导者。街道办事处是在改革开放后街道管理体制不断改革的核心，而改革的焦点始终在街道办事处的行政化和社会化之间。一方面，街道办事处是区政府的派出机构，具有区政府赋予的在辖区内行使各类事务的行政权力。其自身在属性上首先是一个行政组织，在运作方式上需要完全与上级政府保持一致，并能在日常管理中完成上级下达的任务，有效地维护街道辖区内的经济、社会生活秩序。而在另一方面，街道办事处又与各社区直接相连，是市区政府与社会互动的基础平台，各种基层管理任务的执行只有通过其社会属性才能推动。因此，街道办事处又具有社区组织的性质，包括动员整合社区群体、培育社会组织、促进社区自治等职能的实现，无时无刻不在体现其社会性的一面。正因为街道办事处具有行政属性和社会属性的双重性质，在基础治理改革中始终在行政化和社会化之间摇摆，在 20 世纪 90 年代的社区建设中，各种社区管理模式的探索导致街道办事处的行政属性被弱化，但同时越来越多的社会管理职能被下放到街道，街道办事处的性质职能又开始出现强势反弹。在新时期的基础治理创新中，街道办事处仍是与社区中各种组织及社会主体横向联动的最重要的参与者和推动者，有效吸纳社会力量参与基础治理，提升基础公共服务水平，是其未来发展的主要方向。

社区居委会是社区居民自我管理、自我教育、自我服务的基层群众性自治组织，作为开展自治和民主协商的平台，它的主要职能是依法协助街道办事处开展工作。社区居委会是社区治理中沟通政府和社区居民的关键力量，在社区治理中起着"承上启下"的作用，发挥着强大的凝聚力与组织力。在新时期的社会治理实践中，它与基层政府不仅是指导与被指导的关系，还应发展为监督与被监督的关系。此外，网格化模式也在社区居委会的原有组织架构之下诞生，并成为后者的重要补充和发展。网格化管理模式最早诞生于"数字城市"建设之中，是一种通过数字化平台整合资源、传递信息以加强管理的方式。值得注意的是，近年来在维稳任务凸显和社会管理体制改革创新的背景之下，网格化管理表现出巨大的社会治理功效，得到政府各部门的肯定，并显示出极强的横向拓展和复制的能力，很快扩展到社会的其他领域，逐渐在社会管理中发挥了重要作用。

网格化模式在公共服务的提供方式上更具有进步性，在以往的城市基层权力结构下，公共服务资源只能下沉到街道一级，"上面千条线，下面一根针"，上级布置的各项事务的具体执行都落到了街道头上，面对面积过大、人口过多的社区，街道仍沿用行政化的控制手段，自然难以提高公共服务的效率，而处于上级的条条部门又可以凭借其分工权限的制度设置，相互推卸责任。而网格化模式将公共服务单元进一步缩小,在网格中进行权能的重新配置。各地推行的网格化管理均喊出了"组团式服务"的口号,在每个网格内"配置网格管理员、网格助理员、网格警员、网格监督员、网格司法员、网格消防员和网格党支部书记七种力量",其内部分工明确,各司其职,"人在格中走,事在格中办"。从某种意义说,这种方法实际是在社区层面实现了城市基层管理资源的一次横向整合。由于网格管理团队实行定时巡视的方式,随时发现问题、解决问题,从而使得社区公共服务的方式实现了由"营业厅式"向"宅急送式"的转变,做到了"小事调节不出网格、大事化解不出社区和街道",较之以往城市基层公共服务的质量和效率都有了巨大的提升。

二、社会性主体

社会性主体主要是指在重层结构中不可或缺的各类社会组织。作为连接政府与公民的纽带,社会组织既能贯彻落实政府的政策又能将民意民情传达给政府。同时,作为社会治理的重要主体,在促进政府职能转变、优化公共服务供给、发展公益事业、化解社会矛盾等方面也发挥着重要作用。[①] 具体而言,包括基于正式制度而成立的正式组织和基于利益互惠而自愿成立的非正式组织。

正式组织是指提供非营利性质的社会服务或社会支持的组织团体。首先具有较强行政性的工青妇、红十字会等官办社会组织即群团组织。群团组织是由中国共产党创立并自觉接受党领导的各阶层、各行业、各领域的群众性社会团体。在马克思主义理论的指导下,群团组织在党的革命历史中不断发挥联系人民群众、动员人民群众的重要作用,为中国革命的胜利做出了重要贡献。中华人民共和国成立之后,群团组织被赋予了明确的政治地位和法律地位,组织状态不再是半地下的形式,而是走向法制化、规范化。大多数的群团组织成为国家机构的一部分。这也令其社会功能减弱,组织活动的社会基础进一步减弱。改革开放后,群团组织的自主性和社会服务功能被重新激

---

① 杨婷,刘飞.社会组织参与城市社区治理的探索——以四川省成都市爱有戏社区发展中心为例[J].社会治理.2019(2):58—63.

发,积极参与社会管理和公共服务。在新时期基础治理创新中,它们能很好地发挥社会聚合作用,对妇女、儿童、工人等群体的生活问题能协助政府快速介入加以解决,有效维护弱势群体的权益。一方面,群团组织能利用"纵向到底"的组织特征,利用自己庞大的组织网络和众多会员收集基层社会中的利益诉求并反馈到国家层面,同时也利用自身的组织优势对重层结构中人民群众的生活问题积极介入,将问题解决,从而有效打破国家与基层社会的纵向二元分割。另一方面,群团组织可以利用自身"横向到边"的组织特征,将横向的各种性质组织联结起来,培育社会组织并整合同类型的社会组织,从而弥补社会组织发育不足的局限,促进国家力量与社会力量的协同治理。可以说,群团组织通过功能重塑与政府实现协作互补,与社会组织实现协同互促,与所联系的群众实现协作互融,在推动基础治理现代化中发挥着不可替代的作用。此外,以提供各种专业服务为核心的公益慈善类、社区服务类社会组织①无论是专业能力还是服务能力都得到了显著提升,在基层政府向社会组织购买服务时往往能凭借自身优势胜出。社会工作者在职业活动中也积累了大量的基层经验,扎根于社区提供专业服务,与社区居民能紧密联系在一起,支持和引导他们参与社区治理。正式组织参与重层结构的运作是问题导向,即根据基层社会中具体问题和期待目标来进行活动的组织和资源的投入。

非正式组织是在民众共同利益、兴趣爱好和公共主张一致的基础上而形成的互惠性社会组织,能真实反映他们的诉求和想法并得到他们的认可,具体包括各种社区社会组织、自治组织等。非正式组织是以互助资源为原则进行组织,并能让所有参与的成员在某方面的需求得到最大限度的满足,在内部的组织和活动开展方面也具有平等协商、开放沟通的特点,在保证成员话语权的同时也提高了解决问题的效率。除了社区居民在参与社区治理的过程中自发成立的志愿团体、慈善组织、互助小组,还有一些文体活动类的社会组织(如舞蹈队、老人健身团、旅游团等),这类团体虽以娱乐为目的,但也能提高社区成员的凝聚力和向心力,从而有利于社区治理目标的实现。与通

---

① 徐永祥,曹国慧."三社联动"的历史实践与概念辨析[J].云南师范大学学报(哲学社会科学版),2016(2).

常意义上诞生于正式组织之中的非正式组织不同，重层结构中的非正式组织诞生于社区居民的日常生活并能满足他们的多元化需求（尤其精神文化需求），它们不会消耗正式组织的资源，却能对社区居民的心理和行为发挥一定的影响力，若加以合适引导和管理就能很好地充当基层社会治理的协助者角色，弥补正式社会组织和政府组织的不足并与之协同管理，并成为二者之间重要的沟通渠道，推动重层结构中多元社会主体之间的融洽协作，促进基层社会治理成效的提升。

三、营利性主体

营利性主体是指以营利为目的来提供社区服务的组织，通常包括物业公司、政府购买服务企业等。由于居民的需求日趋多样化，社区越来越需要高水平专业化的服务，这是政府和自治组织无法满足的，而营利性主体凭借自身优势准确把握社区多元服务需求，作为一支重要力量融入社区治理中。[①]

作为服务性的市场化企业组织，物业管理组织通过商业合同的方式来提供物业服务并营利，在基层社会中扮演着重要角色。"政府购买服务企业是政府通过发挥市场机制作用，采用公开招标等竞争性购买服务的方式，将自身直接提供的一部分公共服务事项交由具备条件的社会力量和事业单位承担"[②]。物业管理企业可有效发挥市场竞争机制来提升社会组织服务的质量和资金的使用效率。比如在社区引入养老服务中心来提升老年人的生活质量，其专业性的服务能更好地满足居民需求。物业管理的服务范围既包括物质提供也包括隐性服务，最终目的都是为了提升基层社区居民的生活质量。在对社区的卫生、治安、环境以及基础设施维护的同时，还在社区文化建设上起着不可或缺的作用，比如开展保护环境、爱心捐助、防止电信诈骗等形式多样的社区文化活动来促进邻里和睦，丰富居民的精神文化生活，增强其归属感和认同感。

① 刘杰，朱格佳，邹英. 市场主体参与社区治理的机制与实践——基于百步亭"红色物业"的案例分析[J]. 江汉大学学报（社会科学版），2018(1).

② 姜艳. 社会组织参与社会治理：机会、实践困境及优化路径[J]. 西华师范大学学报（哲学社会科学版），2022(3).

社区营利性主体案例：建立社区红色物业①。

HT 小区始建于 2010 年，由哈尔滨某物业管理有限公司负责物管工作，管理面积约 30 万平方米，共有员工 88 人，其中党员 9 人。2021 年 7 月，HT 红色党支部成立，以"齐心协力铸造红色物业品牌，诚实守信当好业主贴心管家"为目标，在物业服务领域充分发挥党组织的战斗堡垒作用，在疫情防控工作中充分发挥物业的使命担当，把物业服务企业打造成基层党组织联系服务群众的平台，把物业服务人员打造成党的工作队伍，倾听解决居民诉求，争创群众满意品牌，坚持做好"爱心连连看"服务，打造和谐家园。

党建引领物业服务：珠江物业 HT 党支部作为建筑街道创建红色物业的试点单位，根据街道党工委"党建引领，打造红色物业"文件精神，在社区党委的工作指导下，积极配合，把各项好的想法和举措落到实处。为了更好地服务小区业主，公司党支部成立了"党员红马甲服务站"，设置了"红色爱心驿站"。为保障小区安全，配合香坊区应急各大队在小区成立小型消防站，遇有火情，消防车能以最短的时间到位。业主有险情，警务室的民警就在身边。在抗击新冠肺炎疫情工作中，党支部充分发挥战斗堡垒作用，为小区业主提供核酸检测场地，党员率先到现场维持秩序，受到上级和业主的好评。

让小区活跃起来：小区有三个广场，为业主提供塑胶跑道、健身器材以及儿童滑梯等，小区无偿向业主开放篮球场、室外健身场地，还为众多乒乓球爱好者提供室内健身场地，使乒乓球爱好者在休息时来此以球会友，锻炼身体，同时促进邻里间的和谐共处，为业主的业余生活增添了一份乐趣。党员"红马甲"分布在小区每个角落，为居民提供服务，真正让"红色"旗帜飘起来，让小区氛围"活"起来。

"暖"民心服务：为业主做好服务，坚持做好"爱心连线专线"服务，"党员红马甲服务站"提供 24 小时爱心连线专线服务电话：138×××××××××，及时沟通协调解决好业主遇到的生活难题，家中老人暂无人照顾、燃气卡充值、电闸更换、电灯坏了、水管破了，或者遇到什么急事儿了，只需要一个电话，"红马甲"就会有人前来帮忙。切切实实让每一位业主充分感受到党员

---

① HT 小区工作总结材料。

就在身边——您有困难、我来帮！

此外，政府购买服务的承接主体中的企业、机构等也属于这类主体，同时，尽管很多承接购买服务的社会组织往往被视为非营利组织，但因为双方的契约关系以政府经济及物质资源注入为条件，在某种程度上也具有经济契约的性质。政府通过购买服务的方式实现了转移政府职能和提升服务专业化水平的目标，同时也令经济性质的社区服务主体获得了宝贵的发展资源和机会。这类组织结构较之政府机构更为简单，运作较为灵活，同时在各种基层社会的专业化服务中更具有优势。目前在服务内容方面已经涵盖了环卫、养老、教育、文化、医疗卫生、市政设施养护等众多公共服务领域，初步形成了多元化的公共服务供给机制。一方面，在基层社会治理中引入市场竞争机制，基层政府降低了行政成本，提高了行政效率和基层治理水平。另一方面，通过嵌入式的发展模式与政府建立了制度化、正规化的关系，并在承接政府购买服务中实现了一定程度的自主发展，改善了社会治理体系和格局。目前，在政府的大力培育下，政府购买服务的承接主体获得快速发展，尽管仍有一部分事业单位承接了其中一部分，但非政府性质的主体仍占据了很大比例，并且在竞争性的市场关系中表现出了比传统事业单位更加突出的专业化水平，在基层社会的公共服务中发挥了非常重要的作用。这不仅提升了重层结构的社会主体与行政主体之间的协作水平，而且也重塑了重层结构中的国家与社会的关系。这种混合型的国家与社会模式①是重层结构良性运作的重要保障。

---

① 管兵. 政府向谁购买服务——一个国家与社会关系的视角[J]. 公共行政评论，2016(1).

第四章　重层结构中的管理模式

第一节　中华人民共和国成立后重层结构中的管理模式变迁

城市基层社会治理模式乃是基层社会运作的一系列正式及非正式的制度化设置，其变迁深刻反映了中国国家与社会关系的变化，同时其制度禀赋也对当代的城市基层社会治理发挥着重要作用，对其变迁的梳理是理解城市基层社会的"重层结构"的重要基础。

在中华人民共和国成立后，最初的建政工作是以城市街道为重心，在经历了大量不同城市的建政实验探索后，街道办事处和居民委员会共同组成的街居制最终成为我国城市基层社会的基本管理体制。最初街居制只是作为城市单位制的辅助体制，并设想最后街道人口会全部进入单位。但因为客观条件所限，单位制始终无法涵盖全部街道人口，街居制一直延续下来，此后城市基层社会管理体制经历了数次变迁，总体框架都是街道和社区在职能设置、人员配置、运行方式等方面进行调整，在不同时期街居制的地位、职能及发挥的作用差别很大，其变迁的历程可以分为以下三个阶段。

一、单位社会中的街居模式(1949—1978)

在解放战争时期，中国共产党便开始在接管的哈尔滨、张家口、沈阳、天津等大城市进行基层治理探索。各地新生的城市民主政权废除了落后的保甲制度，重新对城市街道一级的建制进行合并改划，同时在重构城市社会结构的基础上建立民主政权的基层管理制度。在经历了一系列治理探索之后，最后全国各城市的基层管理模式主要有三种：①设立街政府。将"街道"视为"区"以下的一级政府，成立街道人民代表大会，统筹解决街道内部的管理问题。②建立警政合一的派出所。取消街道的行政层级设置，将街道内的行政管理责任交由辖区的派出所来完成。派出所从而承担治安管理和行政管理两个方面的责任。③设立街道办事处，将街道办事处作为市或市辖区的派出机构。而最终城市基层管理以街道办事处和居民委员会相结合的街居模式而稳定下来。

当时中国共产党对城市街道的基本定位是选择街居模式的主要原因。在中华人民共和国成立初期城市工作的主要目标是将"消费城市"转变为"生产城市"，城市中的生产性部分——工厂等企业单位应成为管理的中心，其中的工人主要应由所在单位来管理。而街道管理的居民不属于单位，其管理体制自然应处于辅助地位。因此，1953 年 6 月 9 日，彭真在发给中共中央的报告中认为："城市街道不需要再建立一级政权。因为城市的许多工作都是需要集中统一处理的，不宜分散进行，如街设街政府，就很容易政出多门。随着国家工业化和向社会主义的过渡，工人阶级以外的街道居民将日益减少，街政权将更不需要，更不应当建立。但由于我们现在的工业还很不发达，同时还处在向社会主义过渡的新民主主义社会阶段，即使在现代工业较发达的城市中，仍有很多不属工厂、企业、学校、机关的无组织的街道居民，这种人口在有的城市中，甚至多至百分之六十以上。为了把街道居民逐步加以组织并逐渐使之就业或转业，为了减轻现在区政府和公安派出所的负担，在很多城市中，除建立居民委员会外，还需要设立市或区人民政府的派出机关，我们的意见是设立街道办事处。"[①]

1954 年 12 月 31 日，全国人大常委会通过的《城市街道办事处组织条例》规定："为了加强城市的居民工作，密切政府和居民的联系，市辖区、不设区

---

① 《城市应建立街道办事处和居民委员会》(1953 年 6 月 8 日)。

的市的人民委员会可以按照工作需要设立街道办事处,作为它的派出机关。""街道办事处的任务如下:(一)办理市、市辖区的人民委员会有关居民工作的交办事项;(二)指导居民委员会的工作;(三)反映居民的意见和要求。"①在街道办事处之下,同时设立居民委员会。居民委员会最初被定位为群众自治组织,不具有行政属性,只是在工作上接受街道办事处的指导,但不负责具体的行政事务。1954年12月31日,全国人大常委会又通过了《城市居民委员会组织条例》。其中规定:"在市辖区、不设区的市的人民委员会或者它的派出机关指导下,可以按照居住地区成立居民委员会。居民委员会是群众自治性的居民组织。""居民委员会的任务如下:(一)办理有关居民的公共福利事项;(二)向当地人民委员会或者它的派出机关反映居民的意见和要求;(三)动员居民响应政府号召并遵守法律;(四)领导群众性的治安保卫工作;(五)调解居民间的纠纷。"②但居委会却并未始终保持群众自治组织的性质。在实际运作中,居委会还是逐渐被行政化,不仅经费由上级拨发,而且在职能上主要是完成街道办所交给的任务。街道办事处和居民委员会共同组成城市基层社会的管理体制——街居制。

街居制建立后实际上在城市基层管理中处于辅助地位,在城市基层社会管理中所发挥的作用是非常有限的。因为,在城市社会管理中发挥核心作用的是源自革命根据地时期供给制的单位制。在中华人民共和国成立之初的城市社会重构中,社会上几乎所有的工厂企业、事业机构都纳入了国家体系而成为单位。单位集政治、经济、社会管理等功能于一身,是具有高度合一性的社会管理组织。在单位内部,严格的身份制使单位人与非单位人截然区分,逐渐建立了新的群体身份认同。同时,终身固定就业与单位内部全面的福利保障制度相联系,使单位建立起对成员生、老、病、死、衣、食、住、行的全面掌控,而单位边界之外的社会流动极为困难,单位之间几乎相互隔绝,从而使中国社会在横向上形成了一种蜂窝状的社会结构。除此之外,单位还被赋予了行政级别,成为国家行政体系的一部分,因此,单位人对单位的"组

---

① 《街道办事处组织条例》(1954年12月31日全国人大常委会第四次会议通过)。

② 《城市居民委员会组织条例》(1954年12月31日全国人民代表大会常务委员会第四次会议通过)。

织性依赖"实际上是对国家体系的依附，从而形成了极为牢固的"国家—单位—个人"的纵向联结机制。[①] 通过单位，国家不仅消灭了市场空间，而且渗透进了私人生活领域。处于国家行政末端的街居组织的任务主要是负责整合工业城市中无法被整合进企业单位中的非单位人口，无论是管理的范围还是拥有的管理资源都无法和单位相比。随着"三大改造"和城市经济建设的顺利开展，属于街居制管理的城市居民越来越少，这样一来，街居制实际成为单位体制的辅助制度，在单位社会中的城市街道管理中处于次要地位。

街居模式所处的地位也造成了它在单位社会中具有极大的变动性。在"大跃进"中，街道办事处就被改造为政社合一的人民公社。中共中央1958年8月17日通过的《关于人民公社若干问题的决议》要求：城市中的人民公社应"成为改造旧城市和建设社会主义新城市的工具，成为生产、交换、分配和人民生活福利的统一组织者，成为工农商学兵相结合和政社合一的社会组织"[②]。随后在1960年3月9日《中共中央关于城市人民公社问题的批示》中指出："中央认为对于城市人民公社的组织试验和推广，应当采取积极的态度。从实际情况出发的各种组织形式，例如，以大型国营厂矿为中心，以机关、学校为中心，以街道居民或以城区再加一部分农村为主体组织的各种形式的人民公社，都可以进行试验，事实上都表现了它们的优越性。"[③]街道也由此被定位为与城市国营厂矿、机关、学校等单位同一级别的基层形态。在整个建立城市人民公社的浪潮中，绝大多数的城市人民公社都是由原来的街道办事处改造而来，被赋予生产、交换、分配和提供福利等职能，实际上就是把街道等同于单位来看待，将街居制所整合的城市人群也纳入单位体系，使城市基层社会彻底单位化。

"文革"时期，单位社会被进一步强化，城市基层社会的街居模式更加被边缘化。受政治运动的冲击，街道的权力机构被街道"革命委员会"所取代，所涉及的事务也以"抓革命"为主，原来街道的行政管理和民政事务的职能都

---

① 田毅鹏，薛文龙."后单位社会"基层社会治理及运行机制研究[J]. 学术研究，2015(2).

② 《关于人民公社若干问题的决议》(中国共产党第八届中央委员会第六次全体会议1958年12月10日通过)。

③ 《中共中央关于城市人民公社问题的批示》(1960年3月9日)。

无法实现，城市居民在生活方面更加依赖自己所在的单位，街道原有的权力和政策资源也随之转移到了单位之中，单位制度被前所未有地加强。

综上，在中华人民共和国成立后到 20 世纪 80 年代中期，中国城市社会管理是通过"单位为主、街居为辅"的基层社会管理制度实现政治控制和社会动员。街居制是单位制之外的辅助机制，甚至最初在制度设计时是一种补充性和过渡性的存在，只是由于单位社会中城市中的单位始终无法整合城市的全部人口，单位体制以外的城市就业人口需要通过街居模式进行基层社会组织化，所以虽然历经多次变化和冲击，但街居模式在单位社会中始终是城市基层社会管理的有机组成部分。

二、社区建设中的街居模式（20 世纪 80 年代—21 世纪初）

改革开放之后，随着单位社会的逐渐消解，从单位中释放出了众多的社会职能到城市街道，街居模式的作用也就变得越来越重要，逐步摆脱了社会辅助机制的地位，成为城市基层社会管理及运作机制的主要制度依托。由于城市市场空间的迅速发展，与单位社会时期相比，此时的街居模式无论在组织结构还是任务职能方面都发生了很大变化，20 世纪 90 年代末期"社区建设"开始后，街居模式的改革成为城市基层社会管理体制创新的核心。

单位社会消解的初期，城市基层社会管理实际上是单位与非单位的"双轨制"，但非市场化和城市化使"非单位"的城市人口和空间迅速发展，无论是大量私营经济实体还是大量的农村进城务工群体，都处于城市基层社会管理体制之外。而城市中的单位虽然继续存在，所涵盖的人群占整个城市人口的比例却在不断下降。在这一背景下，街道重新成为中国城市基层管理的重心，政府通过颁布法律的形式重新确认和恢复了街居制的管理框架。1980 年 1 月，全国人大常委会重新颁布了《城市街道办事处组织条例》，其中重新明确了街道办事处是派出机构性质，同时明确居民委员会是居民自我管理、自我教育、自我服务的基层群众性自治组织性质。

但仅仅靠恢复街居模式并不足以应对城市基层社会出现的新变化，单位社会的消解令城市社区重新获得了活力，一方面，个体户、私营企业需要社区来管理。另一方面，外来民工、流动人口也是社区工作面对的新难题。在新时期，街居模式需要以社区制①为导向来完成自己的变革。为了让街居模式更好地发挥福利救济和社会保障职能，社区服务、社区建设逐渐成为城市街道工作的重要内容。1986 年，民政部将"社区"概念引入城市管理并提出开展中国社区建设，1989 年 12 月第七届全国人民代表大会通过的《中华人民共和国城市居民委员会组织法》中则将社区服务列为居民委员会的主要责任。此后，民政部又提出了社区建设的概念。1992 年 10 月，中国基层政权建设研究会在杭州市下城区召开了"全国城市社区建设理论研讨会"，会上提出仍采用以街道、居委会为主要组织依托的管理体制，同时大力发展社区自治，以大力发展社区经济为基础和突破口，带动社区的整体建设；发展统筹规划社区建设的各个方面，将城镇规划与社区建设规划、发展第三产业与发展社区服务业、旧城改造、城市更新与新城新区建设规划有机地结合起来；促进社区的规划性发展强化社区管理，促进社区建设走上法制化、规范化之路，加强基层政权建设。② 社区建设运动是国家面对经济和社会转型的因应之举，街道办事处和居委会也由此成为推动社区建设的体制依托和改革对象。

在 20 世纪 90 年代中后期，在民政部的推动下，全国各大城市先后进行了丰富的社区建设实验，并在实践中形成了几种较为成功并得到推广的社区建设模式，包括上海模式、沈阳模式和江汉模式等。

为实现"小政府、大社会"的目标，自 20 世纪 90 年代中后期开始，民政部首先选择在北京、上海、天津、沈阳、武汉、青岛等城市设立了 26 个"全国社区建设实验区"，并在实践中形成了上海模式、沈阳模式和江汉模式等几种代表性的社区管理模式。其中，上海模式的特点是"两级政府、三级管理"，将社区定位于街道范围，建成了以政府为主导、社区为支点、居民参与为核心的一体化管理体系。它授予街道办一级管理权，并有效利用政府部门的主导优势，保证了城市基层社会运作机制的上下畅通与高效率。上海模式还将居民委员会这一群众性自治组织作为"四级网络"，抓好居民委员会干部的队伍建设，充分发挥居民委员会的作用，推动居民参与社区管理。由于上海模

---

① 华伟.单位制向社区制的回归——中国城市基层管理体制 50 年[J].战略与管理，2000(1).

② 刘继同.全国社区建设研讨会综述[J].社会学研究，1994(2).

式是在保持原有基层社会治理格局的前提下进行的体制调整，故牵涉面较窄，体制变革成本较小，在实践中操作起来也较为容易，因而得以在众多城市中得到了广泛推行。其在城市基层社会管理中的功能优势在举办北京奥运、上海世博会等大型活动中得到了检验。上海模式实际上是强化国家力量在基层社会的存在，将街道办事处作为一级政府来看待，街道在社区建设的协调能力和管理能力都有所提升。沈阳模式则将社区定位于小于街道而大于居委会辖区的范围上。为了建立比原有居委会所辖范围更大的新社区，将居民委员会调整为涵盖范围更大的"社区居民委员会"。江汉模式是指武汉市江汉区社区制实践的经验。与沈阳模式一样，江汉区也将社区定位为"小于街道、大于居委会"，并成立了社区成员代表大会、社区居委会和社区协商议事会，这三个组织构成社区自治组织体系。江汉模式真正从行动上开始探索解决社区向自治迈进，这对全国社区建设模式来说是一个突破。

尽管在社区建设中采取了很多措施推动社区自治，在实践中也推动了社区自身的发展，去行政化一度成为社区建设的趋势。在有些地方（如安徽铜陵）甚至做出了取消街道办的改革尝试，但总体上看，社区建设并未从根本上改变街道办事处和居委会在街道管理中的核心作用，因为城市基层社会的异质性不断增强，大量的管理责任不断被转移到街道，社会、行政、执法、治安等各种不同系统的任务都被下放到了街道，这促使街道办的机构设置和人员编制不断扩充，在大城市中，街道办事处的办公人员基本都超过了百人，但面对大量自上而下的服务压力仍不堪重负，因此，在城市基层的社会管理中，街道和社区的行政化管理始终发挥着很大的作用。街道组织"上面千条线，下面一根针"的权责尴尬由此产生。据研究，20 世纪 80 年代中期以来，杭州市和西安市的街道办事处任务已拓展到 70~80 项，天津市各街道办事处的工作任务多达 30 多个方面 100 余项，北京市部分街道办事处的工作任务有 120~140 项。[①] 而街道办事处掌握的管理资源和权力却没有相应增加，导致街道办事处和居民委员会权小责大的问题始终十分严重。

事实上，这一时期城市基层社会运作机制的建构，主要包含两个方面：

---

① 陈家喜，刘军. 街道办事处——历史变迁与改革趋向[J]. 城市问题，2002(6).

组织要素和结构的搭建、持久化运作动力的解决。前者需要基层社会管理组织结构的创新，而后者则需要深层次的国家与社会的互动方式的改变。无论是上海模式还是沈阳模式，或强化基层行政管理，或培育社区自治，都在基层社会管理组织结构创新方面做出了有益探索，但二者均是在原有街居体制基础之上做出的调整，仍代表了街居运作机制在后单位社会管理中的复兴，但社区的本质在于内在社会性关系连接，而非制度性关系连接。街居模式的改革事实上对社区参与和凝聚力不足、社区机体内在活力欠缺等问题并未予以根本解决，仅仅局限于外在制度结构的搭建。这就使得在基层社会运作方面仍无法摆脱行政化的影响，其运作动力仍以行政权力为主，缺乏社区内在自治自主力量的推动。不过，在后单位社会"强政府、弱社会"格局下，西方"市民社会"式地方自治类型的社区运作在中国存在着先天不足，在避免单向维度的行政运作的前提下，国家行政力量与社区自治力量的协作与互动才是构建基层社会持久化运作机制的关键。因此，尽管社区建设运动促使街居模式正在向社区模式转型，但社区的发展并未弱化街居模式的作用，后者仍是中国城市基层社会管理最重要的空间单位、行政层级和组织依托。

三、社会治理中的街居模式(2004 年至今)

自 2004 年中共十六届四中全会提出"党委领导，政府负责，社会协同，公众参与"这一新型社会管理方针以来，改革和完善当前街道管理体系的重要使命是逐步建立起党领导下的纵向秩序整合机制与横向秩序协商机制间的相互衔接与协同。从当前我国城市政府既有的组织结构来看，这种相互衔接与协同的重要节点便在街道层面。"治理"这一学术概念也从学者论述中走到街道管理实践中，强调多元主体参与的基层治理创新成为城市街道治理的首要议题。

网格化管理模式是在街居制下较早进行基层社会治理创新的尝试，它诞生在"数字城市"建设之中，很快扩展到了社会的其他领域并逐渐在社会管理中发挥重要作用。所谓网格化管理，就是在保持原有街道—社区管理体制不变的基础上，按一定标准将城市社区划分为若干个单元网格(一般一个网格内常住人口为 4 000～5 000 人)，并搭建与统一的城市管理数字化平台相连接的社区信息化平台，通过加强对单元网格的部件和事件的巡查，建立起一种监督与处置相分离的新型基层管理体制。① 在技术治理展开的背景下，网格化管理一方面为社区中的行政力量和自治力量联动协作创造了空间，另一方面也通过网格建立了基层社会信息的"收集—反馈"机制。原有的街居模式在组织已经完全嵌入了科层结构之中，这往往会导致体制在缺乏基层社会准确信息的情况下运转。在后单位社会中，媒体资讯的发达、基层自治的初步发展都在一定程度上缓解了这一种状况，但却并没有形成根本性的改变。"市—区—街"仍构成了一套完整的垂直层级行政体制，其对于基层社会信息的掌握仍是被动的，而且，信息流动经常出现上下阻隔、横向沟通困难的现象。而网格化管理可视作数字信息技术嵌入到行政科层制过程中技术与制度互动的产物。依托于数字城市的建设，网格在技术层面具有信息流动快捷、规范、精准等突出优势，数字技术与行政体制的集合使网格成为新的社区管理信息平台，在网格之间实现了信息的快速流动与共享。通过网格工作人员的定时巡视与排查，及时掌握第一手的社区信息，做到"发现及时、反应灵敏、处置有方"。

在党的十八届三中全会提出了"创新社会治理体制"的号召之后，"三社联动"作为另一项基层社会治理的创新机制开始在全国范围内推广。所谓"三社联动"，指的是社区、社会组织、社会工作三股力量在基层社会治理中形成有效的协作互补机制。"三社联动"最初是实践先行，探索在政府的统一领导下，如何发挥基层治理中多元主体的作用，使社会组织、社会工作机构等能充分参与进来，真正将社会治理的理念付诸实践。自 2013 年开始，民政部将"三社联动"作为基层社会治理创新的重点工作，要求各地在城市街道社区推进。2017 年，《中共中央　国务院关于加强和完善城乡社区治理的意见》明确提出了制定完善孵化培育、人才引进、资金支持等扶持政策，落实税费优惠政策，大力发展在城乡社区开展纠纷调解、健康养老、教育培训、公益慈善、防灾减灾、文体娱乐、邻里互助、居民融入及农村生产技术服务等活动的社区社会组织和其他社会组织。推进社区、社会组织、社会工作"三社联动"，完善社区组织发现居民需求、统筹设计服务项目、支持社会组织承接、引导专业

---

① 田毅鹏，薛文龙.城市管理"网格化"模式与社区自治关系刍议[J].学海，2012(3).

社会工作团队参与的工作体系。① 各地区在街居分工、社会组织和社工培育、沟通机制等方面都进行了探索和创新，并且在街道治理中初步形成了"三社联动"的体制性框架。② 具体而言，从不同路径和类型的"三社联动"探索可划分为：内需驱动型（即从社区居民自身的需求出发来发展社工机构和社区组织，并探索相应的互动机制和协作方式，以期能有目的地满足本社区的需要）、政府主导型（即从基层政府的行政任务和中心工作出发，社区组织和社工机构从配合政府工作的角度开展活动，以弥补社区复杂活动缺乏规章依据的缺点）、项目引领型（通过政府购买、专业运作的形式引进社工机构和社区社会组织的服务，以后者的专业性和灵活性来推动基层管理中的良性循环）、理念践行型（通过理念的融合来推动社工机构和社区社会组织的协同发展，通过先进的理念来引领社区中各种专业力量的有效投入）和体制创新型（通过基层政权体制改革来理清政府、社会组织、社会工作之间和政府与市场的界限和分工，令三方权责得到明确，令各方机制能够形成有效运转的新局面）。③

　　在"三社联动"的基础上，近些年又发展成为"五社联动"。2021 年 7 月，《中共中央 国务院关于加强基层治理体系和治理能力现代化建设的意见》指出要"发展公益慈善事业""完善社会力量参与基层治理激励政策"，推动创新"社区与社会组织、社会工作者、社区志愿者、社会慈善资源"的"五社联动"机制。以"建设人人有责、人人尽责、人人享有的基层治理共同体"，街道治理形态迎来了更加广泛地动员各种社会力量、推动自主参与和多元协同、以实现"多元共治"基层治理创新的新时代。从"三社联动"到"五社联动"，体现了当代城市基层社会治理在理论认知和实践操作方面的深化，并令城市社会治理的水平和实际效果都提升到了一个新的层次。但其中也面临着挑战，首先，因为社会治理在实践方面推动时间较短，在基层治理的实践经验方面仍然不足。其次，在相应的理论研究中存在着"新瓶装旧酒"的现象，比如，尽管国

---

① 新华社. 中共中央 国务院关于加强和完善城乡社区治理的意见[J]. 中华人民共和国国务院公报，2017(18).

② 徐永祥，曹国慧."三社联动"的历史实践与概念辨析[J]. 云南师范大学学报（哲学社会科学版），2016(2).

③ 叶南客，陈金城. 我国"三社联动"的模式选择与策略研究[J]. 南京社会科学，2010(12).

内已有的研究中创造了很多新的"学术概念",但大多与实践联系不紧密,只是对已有治理现象的总结或再阐释,而很多外国学者对中国学者谈论的"治理概念"无法理解,仍试图以西方式的"治理"概念来看待中国,令中外学者之间的学术对话变得十分尴尬。因此,深入中国城市基层社会把握本质,在基层社会治理的理论认知方面摆脱外来"治理理论"的影响,在当前的社会治理实践能真正以理论来推动实践、指导实践,仍是国内社会治理研究的重要课题。

第二节　当代城市社会"重层结构"中的管理模式

一、城市基层社会中的网格化模式

在单位社会解体之后,国家与社会关系的重构带来了城市基层社会管理创新的问题,而这一问题的核心则是在于如何克服社会原子化动向、完成社会的再组织化,始于1991年的社区建设即是对这一问题的回应。不过,尽管各城市先后根据自身经验形成了"上海模式""沈阳模式""武汉江汉模式"等,但在国家对社会继续保持绝对优势、国家与社会边界相互融合的背景下,以社区建设为目标的社会管理创新一直存在着诸多不足之处,网格化管理即诞生在这一背景之下。

网格化管理是"在保持原有街道—社区管理体制不变的基础上,按一定标准将城市社区划分为若干个单元网格(一般一个网格内常住人口为4 000～5 000人),并搭建与统一的城市管理数字化平台相连接的社区信息化平台,通过加强对单元网格的部件和事件的巡查,建立起一种监督与处置相分离的新型基层管理体制"[①]。尽管"网格"脱胎于西方信息化和数字化管理技术,但在2004年北京市东城区首次将数字信息技术引入社区管理之后,全国先后有三十多个城市开始网格化管理试点,网格化管理逐渐发展成为一种融合管理与服务功能的、极富中国特色的社区管理模式,普及和推广之迅速使其大有

---

① 田毅鹏,薛文龙. 城市管理"网格化"模式与社区自治关系刍议[J]. 学海,2012(3).

成为城市基层社会管理的标准模式之势。在相关的理论研究方面，已有学者从"无缝隙政府""精细化管理"等方面对其进行阐述，尤其是在从"网格化管理"走向"网格化治理"的发展路径方面一定程度上取得了共识。不过相关研究往往侧重于应用性且滞后于发展实践，审视其长远而不是短期的体制创新意义，唯有回到"国家—社会关系"的分析框架中进行探讨。若是承袭中华人民共和国成立后的城市基层管理从"单位社会"到"后单位社会"的国家与社会关系的演变脉络来看，网格化管理意义主要体现在如下几个方面。

1. 城市基层社会的碎片化整合

如前所述，在后单位社会中，相对于国家力量的强大与自主性以及市场力量的迅速崛起，社会的自主性面对的抑制因素尤多。依然存在的国家与社会相互融合的趋势，实质上是国家力量对社会力量的抑制。尽管自 20 世纪 90年代以来社会组织也得到了初步发展，但社会内部的契约性规则、自制能力、相对公平的利益格局等发展都极不完善，对社会转型中产生的严重社会问题无法发挥应有的调节作用，社会治理的难度增大，社会力量在总体上仍是十分弱小的，社会形态则是碎片化的。网格化管理较之后单位社会已有的基层机制（街居制、社区组织），一个重要的不同在于：网格化管理在划分的责任网格中，均强调多元化主体的参与，将基层社会各种碎片化的力量整合于其中。如舟山市网格化管理中，其组建的网格管理服务团队不仅包括乡镇（街道）党政领导班子成员、机关工作人员、社区干部和辖区内行政事业单位工作人员，而且还包括渔农村老党员（老干部）、优秀联户党员、优秀义工、社区成员中的骨干力量等。[①] 到 2008 年，全市网格团队服务人员达 13 565 人，其中，县（区）干部 772 人，乡镇（街道）干部 2 479 人，社区干部 2 011 人，普通党员、医务工作者、片区民警、义工、教师、渔农科技人员和乡土实用人才 8 303 人。[②] 多元化主体的参与使得"社会管理""公共服务""党的建设"等内容在社区中均能得到有效的落实，社区居民也可以通过网格表达意见、参与社区事务和社区活动，提高了社区参与的水平。无论是社区贤达，还是社区中的

---

① 孙建军，汪凌云，丁友良. 从"管制"到"服务"：基层社会管理模式转型——基于舟山市"网格化管理、组团式服务"实践的分析[J]. 中共浙江省委党校学报，2010(1).

② 竺乾威. 公共服务的流程再造：从无缝隙政府到网格化管理[J]. 公共行政评论，2012 (2).

社会组织,都在"网格"这种精细化、动态化运作机制中发挥作用,使原本处于碎片状态的城市基层社会力量能重新整合,在社区事务的参与中重构内部连接,增加社会资本的存量。这对后单位社会中社区自治能力的培育以及社会治理能力的提升无疑具有重要意义。

2. 基层部门职能与边界的横向整合

中国行政管理体制是一种以"上下对口"和"合并同类项"为原则建立起来政府组织和管理模式,这种行政架构存在着纵向机构的职责同构和条块之间职责不清的问题。在单位社会时代,"单位"成为新中国政权在城市基层社会中的"块块"机构,国家几乎所有的纵向"条条"部门都下沉到单位中,使单位成为生产、生活、服务与管理的"社会—空间"单元。而在后单位社会中,原本"拾单位之遗、补单位之缺"的街居制成为基层社会管理与服务职能的主要承载者,大量职能通过"条条"部门被下沉到缺乏资源与权力的街道办和居委会,造成了严重的职权不对等的局面。据统计,居委会承担的近百项工作当中,由政府机构指派的行政任务占 80% 以上。[①]"上面千条线,下面一根针"成为城市基层管理的真实写照。而网格化管理以"管理下沉"为主要特征,将各种管理和服务力量整合进网格之中,有力地改变了以往基层管理的弱势局面。如厦门鼓浪屿街道社区的"7+N=1"的社区服务模式,其中"7"即是指下派到网格中的 7 名工作人员,包括网格长、网格管理员、社区民警、司法调解员、消防员、城管、市环卫等。[②] 在重庆市巫溪县的网格中,每个网格的管理团队包括县级领导、县级部门或企事业单位、街道/乡镇办事处、群工部工作人员、社会督导员、社区/村干部、网格党小组组长各 1 名与若干名环卫工人等。[③] 多元化治理资源的下沉使得网格能为其中的居民提供全方位、多层次的社会服务,即使是网格内不能解决的问题,也可以通过网格管理信息系统与政府相关部门进行对接,大大缩短了"发现问题—解决问题—监督反馈"的时间间隔。管理服务资源的下沉使得社区中的党建、社会管理、公共服务等

① 王运宝.街道办何去何从[J].决策,2011(10).
② 毛万磊,吕志奎.厦门综改区"社区网格化"管理的优化——以鼓浪屿社区为例 [J].东南学术,2013(4).
③ 王名.社会管理创新的"网格化"体系探析——以重庆市巫溪县为例[J].探索,2012(1).

内容有了坚实的基础，使得网格的组织结构和职能得到了优化，在某种程度上是在网格中实现了对城市基层部门职能与边界的横向整合，尽管这尚无法改变政府体系中的"条块结构"，但却在网格中使"组团化服务"或"一站式服务"成为现实，形成了新形势下基层社会管理服务的长效机制。

网格员服务内容案例：KY社区网格员2015第一季度工作总结①。

我是KY社区负责老兵优抚和退伍军人服务的工作人员，同时负责099网格的工作，下面我将第一季度工作做一下总结：（一）老兵、优抚工作。老兵和优抚工作是一项特殊的工作，因为老兵是对国家和人民有贡献的人，政府很重视他们的生活，我作为这项工作的工作人员，在日常生活中经常走访并关心他们的生活情况，向上级部门及时反映他们遇到的困难，并帮助他们解决，2015年第一季度为退伍军人登记录入6人次，为60周岁农业户籍退伍老兵2人办理了生活补助，体现了党和国家对老兵和退伍军人的关怀、关注和尊重。（二）网格工作。今年我负责的网格由于物业弃管，小区卫生没人清理，我们经常到小区了解情况，有事及时向领导汇报，领导通过跟环卫沟通为居民解决了垃圾清理问题。今年2月份大华科技新村6栋3门107室业主因为楼前空地与4栋1门103室业主发生冲突，给社区打来电话，我接到电话来到小区了解情况后为两家调解，事情得到了圆满的解决。3月份大华科技新村5栋5门613室业主给网格长打来电话，反映1楼下水井管道老化，往上反脏水，我接到电话第一时间反映给社区居委会主任，社区居委会主任和书记商量后，我们立即来到大华小区，发现反脏水问题非常严重，了解情况后，经过和业主商量决定业主们一起拿钱，但有的联系不上，我通过网格内的居民信息，找到了业主的电话，当我打电话说明情况后，业主很快把钱送去了。下水管道修理好了，居民可以正常通行了。除了自己的本职工作以外，我还积极配合其他同事的工作，在社区领导的带领下，争取把社区工作做得尽善尽美。

3."上下互动"的重层结构

在后单位社会中，一直存在着"自上而下"的政府管理与"自下而上"的居

---

① KY社区宣传栏。

民自治两种诉求,在二者的互动过程中,国家与社会的互边界出现了相互融合的趋势,政府与民间自治力量之间不同程度的协作、妥协、合作,使得基层社会的运作兼具行政性与自治性,从而其衍生出一种双重性质及兼容式的运作方式。因此,后单位时期的城市基层社会可视为一种"重层结构"。在这种"重层结构"中,政府与社会中任何一方的弱小或缺位都会导致城市基层社会运作机制的失调。而在网格化管理中,通过吸纳多元的城市管理和服务主体,使官员与居民、政府与社会组织等力量形成了合作机制、利益协调机制和信任机制,网格成为党组织、基层政府、社区自治力量的互动场域。如山西长治网格内即包含了指导力量(街道干部)、专职力量(网格党支部负责人)、协管力量(民政、城管、治安)和志愿力量(楼长、志愿者)等。而山东诸城网格化管理则建立了以社区党组织为核心、自治组织为主体、群团组织为纽带、各类经济社会服务组织为补充的社区化管理服务平台。① 这种注重以民主方式动员社会力量、注意民意的表达与回应的方式,在促进社区自治能力培育表象之下,更为积极的意义在于形成了潜在的"多维平行"的权力运行逻辑。通过搭建政府管理与居民自治力量有机衔接和良性互动的机制,网格成为承载基层社会"重层结构"运行的平台。

二、网格化管理与城市基层社会治理优化

网格化管理近些年来在城市基层管理中已完全普及,但学者们在肯定网格化管理在由"管制"向"服务"、由"管理"向"治理"转变过程中的积极作用外,也有学者认为网格化管理是对社会力量的管制且不利于公民社会的培育。② 造成学者评价观点分化的主要原因在于,网格化管理在各地推广过程中带有浓厚的"展示性治理"③色彩,尽管它有效地防止了基层管理运作的"制度失灵",达到了基层维稳的目的,但相应的公共参与和公共服务水平提升却相应滞后,令网格化管理的行政色彩并未显著减少。正如有学者指出,网格化管理存在

---

① 陈荣卓,肖丹丹.从网格化管理到网络化治理——城市社区网格化管理的实践、发展与走向[J].社会主义研究,2015(4).

② 陈荣卓,肖丹丹.从网格化管理到网络化治理——城市社区网格化管理的实践、发展与走向[J].社会主义研究,2015(4).

③ 田毅鹏.新时期基层社区"展示性治理"的生成及运作[J].学习与探索,2016(9).

着网格"泛化或虚化、重管理轻服务、管理成本高昂、社会组织与居民的参与度不高、难以有效地回应城市社会自治诉求、缺乏多元主体协作治理"等诸多问题。网格化管理在经历了"创新—推广"阶段后，已经开始进入"结构优化还是内卷化"的阶段。而要克服上述问题、避免基层管理可能的"内卷化"，同时完成城市基层社会运作方式的重构，网格化管理需回归其核心职能，即能否和后单位社会中的"重层结构"相协调适应。为此，网格化管理亟须解决下列议题。

1. 基层治理力量的绑定与反绑定

责任包干制是网格化管理克服"基层失灵"的一个重要手段，在不破坏原有街居制的前提下，以网格为单位，将基层管理力量与相应的管理和服务责任绑定起来，以达到"包管理、包服务、包教育、包提高"的目的。但是，由于网格化管理缺乏完善的制度规范，导致在实际运作中难以抗拒"反绑定"的力量。由于缺乏考核监督体系，很多地方出于减少行政成本的考虑仅仅是建立了网格平台，其中的管理人员大部分都是签订劳动合同的外聘人员，身份尴尬、工资和劳保待遇较低，严重影响了网格员的身份认同和工作热情，对网格化管理的目标也缺乏清晰的认识，很多一线的巡查员甚至不知道自己每天的职责是什么。在这种背景下，"一员多能、一岗多责"的要求客观上只是加重了基层人员的工作负担，在实际的运作中管理效能十分低下。有平台而无相应的法律法规保障和监督的现状，使得基层治理力量很容易在"展示性治理"的表面之下延续传统的管理方式，致网格化管理发挥的实质作用大打折扣。

2. 管控取向抑制服务取向

网格化管理建立的最初目的是实现城市社会问题的及早发现、及时处理、有效反馈，以改变后单位社会初期一些社会问题由于得不到有效管控而"积小成大"的状况，管理流程和机制的优化使其在实行中取得了良好的效果。但其存在着强化社会各层面管制的倾向和维稳的隐形目标，体现的仍然是压力型体制之下的"管制型思维"。事实上，划分空间或人口单位而治的做法自古有之，秦汉之后的"编户齐民"和明清以来的"保甲制"，其管制理念一脉相承，正是因为如此,有学者将网格化管理称为"数字化的编户齐民"。[①] 而当前城市基层社会的很多问题都是公共服务缺乏或效率差、水平低所导致,以服务代替管制才是网格化管理的发展方向,而网格化管理的管控取向无疑抑制了其服务取向的发展。很多网格管理员在与居民交流时,仍然难以改变居高临下、高人一等的姿态,采取行政命令的手段或者是僵化的、灌输式说教,服务态度、方式和服务效果都十分有限。其服务的领域也比较狭隘,主要集中在市政、市容、环卫等方面,在基层民众亟须的居家养老、医疗、社区治安等范畴则纳入较少。当前,由管制型政府向服务型政府转变是我国社会管理创新的重要内容,如果网格化管理无法改变行政管控的行动逻辑,不能提升服务质量和完善服务内容,则难以实现城市基层社会由管理向治理转变并最终实现善治的目标。

3. 行政运作削弱社区自治

社区自治是城市基层社会治理的重要目标。后单位社会中公民的权利意识和利益观念不断加强,有着迫切的利益诉求和公共参与诉求。而在构建全民共建共享的社会治理格局中也需要社区居民和社会组织的充分参与,可以说,扩大社区参与、发展社区自治既有实际需求,又有现实条件。然而,网格化管理只是改变了维稳的方式,根本上仍然主要依靠"一竿子杵到底"的行政推动,在这样的条件下,社区居民主要是网格管理的被动接受方,自身的意见和参与诉求难以充分表达和实现,自然也缺乏参与的热情。中等规模城市的"东山社区"开展了"居民议事、有理大家评"等民主协商活动,但对无法达成统一意见的事项仍然由上级部门处理。这使得社区民众的参与度和民主协商的成效都大打折扣。[②] 为了避免自身的生活被干扰,对网格化管理的相关活动,社区居民往往采取"配合表演"的方式来完成。有相关调查表明,发现社区情况有 59.2% 的居民会向网格化管理员反映,但当自身存在困难的时

---

① 韩伟.社会治理需要遵循民主法治导向——对基层社区网格化社会治理的反思[J].理论导刊,2016(1).

② 韩伟.社会治理需要遵循民主法治导向——对基层社区网格化社会治理的反思[J].理论导刊,2016(1).

候，却只有 40.6％的居民会向网格化管理员反映。① 显然，被动式参与带有表面性，其实质是有些社区居民对网格化管理的怀疑和抵触。缺乏公共精神和制度保障的社区参与，自然也会导致网格中"民主协商、多元参与"的制度设置缺乏实质意义。

综上，网格化管理的优势在于：通过城市基层社会的碎片化整合，在社区范围内将基层部门职能与边界进行了横向拓展，使"上下互动"的重层结构在网格中顺畅运行。多元主体协同共治的运作方式事实上在一定程度上重构了城市基层社会运作机制。正是因为这一点，网格化管理摆脱了试验性机制的特殊色彩，成为当下的社会治理中重要的体制力量。但是，网格化管理目前也存在着"网格泛化"、社区运作行政化、社区自治浅层化、居民参与初级化等弊端，使网格化管理在快速发展的同时也存在着"内卷化"的风险。因此，网格化管理能否克服上述弊端，取决于其能否和后单位社会中的"重层结构"相协调适应。

城市基层社会"重层结构"的稳定运作，本质上是建构良性的国家与社会关系的体现。因此，网格化管理应成为与重层结构相适应的基层体制，在国家与社会之间权力运作"对方化"的过程中发挥着协调作用，而不是割裂和扭曲重层结构的运作。如果将国家到社会个体之间的连接视为上下"梯次格局"的话，那么重层结构就是"梯次格局"中间的一格。其中国家与社会互动的张力使重层结构既可能成为国家治理社会的工具，又有可能成为建构社会自主性的屏障。它发挥何种作用取决于重层结构在国家与社会间连接的梯次格局中的移动向度。笔者认为，在后单位社会治理中，国家仍然应该发挥主导作用，通过制度或组织建设逐渐缩小对社会的干预范围，使重层结构逐渐上移。同时，通过资源下放等方式利用重层结构对社会力量进行培育和扶植，避免因国家权力的过早退出而造成社会的碎片化，而在这一过程中，网格化管理应成为重层结构运作的协调和稳定机制，为国家与社会提供既博弈又协作的场域和制度规范，推动重层结构在国家与社会中逐渐上移，从而建构顺畅而

---

① 万文欣.城市社区网格化管理研究——以湖北省黄冈市为例[J].科教导刊(上旬刊)，2016(3).

非充满矛盾和对抗因素的后单位社会运作机制。

第三节　重层结构中的互动方式

一、纵向制度化互动协作

所谓纵向制度化互动协作,是指基层治理的多元主体依赖现有的制度和体制规范进行互动协作的方式。其中最重要的是街道、镇党政组织对街道、社区的党组织和派出机构的领导和指导关系。街道的党工委是重层结构中的领导核心,社区党组织则在街道党组织的领导下,推动社区建设和多元社会主体参与社会治理。街道办事处则依据《城市街道办事处组织条例》指导社区居委会的工作。[①] 尽管居民委员会是"自我教育、自我管理、自我服务"的群众性的自治性组织,但与街道办的深度绑定已经使其成为基层政权的延伸,在发挥其组织社区自治功能的同时,也能有效地接受上级机关指导、协助基层政府及派出机关完成相关任务,最终提升基层社会治理效果。可以说,基层党组织和基层政权组织共同构成两条相互交叉、良性协调的制度化协作体系。

在当前的基层社会治理体制现代化的探索中,重层结构中纵向制度化互动协作机制的建构主要包含两个方面:组织要素和结构的搭建、持久化运作动力的解决。前者需要基层社会管理组织结构的创新,而后者则需要深层次的国家与社会的互动方式的改变。在社区建设中,无论是"上海模式"还是"沈阳模式",或强化基层行政管理,或培育社区自治,都在基层社会管理组织结构创新方面做出了有益探索,但二者均是在原有街居体制基础之上做出的调整,仍代表了街居运作机制在后单位社会管理中的复兴,但社区的本质在于内在社会性关系连接,而非制度性关系连接。街居体制的改革事实上对社区参与和凝聚力不足、社区机体内在活力欠缺等问题并未予以根本解决,仅仅局限于外在制度结构的搭建。这就使得在基层社会运作方面仍无法摆脱行政

[①] 胡小君. 从分散治理到协同治理:社区治理多元主体及其关系构建[J]. 江汉论坛,2016(4).

化的影响，其运作动力仍以行政权力为主，缺乏社区内在自治自主力量的推动。不过，在后单位社会"强政府、弱社会"的格局下，西方"市民社会"式地方自治类型的社区运作在中国存在着先天不足，在避免单向维度的行政运作的前提下，国家行政力量与社区自治力量的协作与互动才是构建基层社会持久化运作机制的关键。

事实上，重层结构一直是国家与社会力量相互交融难以二分的场域。国家权力通过"下派干部"（挂职锻炼，下派）和"赋予资格"等方式，使社区自治组织与政府之间并非截然分开，而是存在着联系紧密的"通道"。在这个权力"重层结构"的场域中，虽然国家权力与社会存在着明显的不对等性，但二者都倾向于将自身势力最大限度地向对方渗透，以求获得充分的作用空间。因此，在权力的设计上，双方都出现了将自身"对方化"的倾向，但两种力量的交互作用不是均衡的。即代表社会的公共权力倾向于一定程度上在形式上将自己转化为政府权威，以求将自身意志通过间接的方法影响政府权力，即"公共权力的权威设计"。而政府权力则倾向于在形式上转化为带有民间色彩的公共权力，以求尽量将自身影响向基层渗透，即"国家权力的社会性设计"。二者都体现了当自身作用发挥到极限时，通过间接的方式发挥影响力的权力设计方法。基层权力重层结构的场域，能存在的核心要素，就是这种权力运作"对方化"的行为倾向。这种权力对方化的倾向往往在民间力量比较弱的社会存在得较为明显，因为，面对国家权力的强力扩张，民间力量弱小不得不借助于间接的方式来实现自身诉求，维护自身权益。而国家在将权力推进到底层时，也会受到民间力量的强烈抵抗，需要通过权力"对方化"来渗透，正是因为如此，这种权力的重层结构主要存在于社会基层。

一般而言，基层权力的重层结构位于政府行政权力的末端，和社会个体权利的顶端。如果将国家与社会之间的权力看作是一个呈上下梯次分布的结构，那么国家力量往往倾向于将这个重层结构向下推，以求使国家力量占据更大的势力范围，而民间力量则倾向于将这个重层结构向上推，以求使民间力量获得更大的活动空间。如此一来，重层结构就形成了一种动态的"国家—社会"结构，它会随着国家与社会力量的不断消长而改变，同时它内部双重性质力量的相互交织又能保证这一过程中国家与社会的连接不会发生断裂，最终使国家与社会形成一种比较合理的布局。因此，在新时期推动基层治理现代化和基层治理能力现代化，应为社会力量的培育留有活动空间，以保证这种重层结构能在国家与社会之间的"权力梯次结构"中随着社会的发展逐步走向稳定，最终形成理想的政府与社会良性互动的格局。

二、横向非制度化互动协作

在基层社会的重层结构中，处于不同层次的多种社会治理主体之间并无隶属关系，也无上级统一的领导，但为了某一共同目标经常需要相互协调，这种以满足基层社区某些需求为目的而发生的偶发性互动协作关系构成了重层结构中的横向非制度化互动协作。

横向非制度化互动协作可以分为两类。

一类是社区党组织、居委会与上级群团组织、驻区单位、共建单位间发生的协作性活动。这类活动尽管数量不多，但由于参加组织同属于行政系统或具有行政性，因此相互协调机制也较为成熟，活动的开展也往往较为顺利。缺点是活动形式和活动内容较为单一，参与主体以完成自身职责为目的，无法满足社区居民日益增长的多元化需求。

基层管理部门协同案例：街道部门协同快捷高效[①]。

2022年，WY小区居民因自来水公司修复管道造成道路损坏的问题，与自来水公司和物业的矛盾逐渐加重，群众呼声强烈，要求尽快修复路面。建筑街道综治中心急居民所急，想居民所想，本着小事不出社区的矛盾化解原则，带领WY社区积极协调各方力量，召开由区住建局、街道办事处、社区、供水公司、业委会、物业公司共同参与的联席会议，针对路面修复事宜进行协商沟通。2022年6月17日下午，建筑街道组织协调会议，区住建局领导、建筑街道领导、城管部门相关负责人、社区居委会主任、物业经理、业委会委托代表及居民代表与香坊区供水公司共同参与。会上大家踊跃发言，居民结合实际提出明确意见：一是尽快筹备确定开工时间；二是要求达到标准；三是明确多长时间完成。强烈要求施工单位要履行承诺，施工要符合标准。

---

① WY小区工作总结材料。

经过多方协商达成共识，道路维修初步达成协议，自来水公司尽快将路面恢复原样。接下来社区会组织物业和业委会积极跟进，督促自来水公司尽快解决道路修复问题。街道、社区积极沟通协调，切实为居民办实事，解决居民的急难愁盼问题，打通服务居民最后一米。

另一类是社会组织、社工与社区之间的互动协作。如基层政府可通过购买服务的方式将社区服务中心和社工站融合进基层治理体系，形成了政社联动的机制，极大地提高了重层结构中的治理水平。这类协作以社区与社会组织、社会工作者的"三社联动"的形式在基层社区得到了广泛推广。社会工作者扮演着鼓励居民积极参与、引导居民正确参与的角色，同时可以作为沟通基层政府与社区居民的桥梁，及时反馈信息，协调各方资源。通过社区吸纳社会工作专业人才，使社会工作服务机构扎根于社区，推动社区治理新格局的构建。随着"三社联动"项目的持续开展并取得显著成就，民政部将其升级为"五社联动"，即采取"社区＋社会组织＋社会工作＋社区志愿者＋社会慈善资源"的社区治理模式。从"三社联动"到"五社联动"，体现了当代城市基层社会治理在理论认知和实践操作方面的深化，也使城市社会治理的水平和实际效果都提升到了一个新的层次。

社区与社会组织协同案例：HF"绿色通道"服务企业[①]。

HF社区疫苗接种工作开始阶段，工作量巨大，人员密集，时常需要占用群众很长的时间，辖区工地的农民工朋友因工作繁忙，很难有足够时间等待，当完工下班时，疫苗接种点也时常关闭。由此辖区内很多农民工迟迟接种不上疫苗，出现矛盾纠纷。街道为解决矛盾冲突，责令HF临时接种点为建筑工人开辟新冠疫苗接种"绿色通道"。由新松玺樾府建筑工地数百余名工人组成的接种队伍整齐来到了海富临时接种点，他们将集中在这里进行新冠疫苗接种。建筑行业人员聚集性强、流动性大，组织工友接种疫苗不仅是对大家的生命安全负责，也是企业防疫需要，更是对国家政策的积极响应。通过摸底发现，许多建筑工人来自外地，自行接种疫苗没有渠道。了解到这一需求后，HF社区党委书记周红第一时间上报街道党工委书记张宏燕、办事处主任

---

① HF社区工作总结材料。

李铁,同时与新松玺樾府建筑工地负责人田经理取得联系,经上级部门研究批准,社区临时接种点与森工总医院疫苗接种医疗队联手开辟接种绿色通道。考虑到建筑工人的作业时间,社区针对企业诉求,协调医疗组开通了绿色通道,并提前普及新冠疫苗接种知识。这样既不耽误工期,又不影响工人休息,在保障项目进度的同时,满足了工人们的接种需求。真正实现了为工友办实事、办好事。

多种社会治理主体之间的横向非制度化互动协作的主要障碍因素来自它所依赖的具体制度环境和社会环境。目前,新时期城市社会基层治理所面临的种种难题决定了其联动机制走向存在着不确定性。具体而言,主要表现在两个方面:(1)关于传统基层组织在现代社区建设过程中的作用。毫无疑问,20 世纪下半叶世界范围内两次社区发展的热潮,其目的都是在现代经济高度发展的背景下,试图通过政府"自上而下"社区发展的路径,抗拒来自市场对社会的冲击,以维持社会的秩序和稳定。在这一意义上,社区是城市现代化的产物。但应该指出的是,这一现代居民自治组织真正意义的发展不是凭空的,而是需要将其发展深深地植根于本土。(2)重层结构在社会宏观结构中特殊的"联结"作用。近年来,在东亚社区的发展过程中学术界普遍关注所谓的"社区行政化"问题。在这里,所谓"社区行政化",主要是指"城市政府为寻求经济增长与社会稳定的平衡,依靠行政权力,自上而下地实现社会再组织化的过程。其基本标志是:社会空间行政化、社区组织行政化、社区事务行政化"①。人们普遍对社区行政化提出批评,认为它妨碍真正意义的居民自治。从而提出"去行政化"的社区发展目标。笔者认为,社区行政化固然会扼杀社区的自治精神,但完全意义上的社区"去行政化"实际上既不可能,也不可行。因为在相当长的历史时期内,社区实际上是作为"政府"和"居民"之间的联结组织而存在的。社会是一个超级复杂的联结系统,以至于我们很难用简单的话语完全揭示其中的奥秘。但我们必须注意那些最具关键性的联结环节,因为一个社会如果关键的联结处被破坏了,便会发生社会解组的悲剧。正如默顿所言:"在社会系统中,人们之间的沟通渠道在结构上的不当或部分中断,

---

① 陈伟东,李雪萍. 社区行政化:不经济的社会重组机制[J]. 中洲学刊,2005(3).

也会导致社会解组。处于一定社会关系、地方社区或国家社会中的人必须能沟通，因为他们相互依赖，以实现社会对他们的期望和他们自己的目标。"[①]因此，重层结构最重要的作用便是社会联结，单纯的"去行政化"或"强行政化"的思路都是片面的，关键的问题是如何让重层结构中的多元行动主体形成更为和谐融洽的互动机制。

---

① 罗伯特·K·默顿. 社会研究与社会政策[M]. 北京：三联书店，2001：79.

第五章　重层结构中的社区治理禀赋

作为中华人民共和国成立之后国家力量深耕多年的实践场域，重层结构蕴藏着丰富的正式或非正式组织机制、运作方式和经验性、社会性的行动模式，它们共同构成了对社会治理行动的经验性支持，是治理行动可资利用的资源和力量，其治理禀赋的特征十分明显。可以说，基层社会的重层结构既是社会治理的实践场域，也是社会治理能力提升的依托和来源。

第一节　社区治理实践积累的社区工作法

社区工作法"是指基于社区工作者在社区治理实践中积累起来的优秀工作经验而提炼概括出来的带有创新性和普遍意义的工作理念及其所使用的工作创意、方法"①。它不仅是中华人民共和国成立后中国共产党在基层治理方面的宝贵的经验积累，而且是基层社会治理体系和基层社会治理能力现代化的重要基础。社区工作法对重层结构的良性运作的重要意义在于，它的主体来自社区治理实践中的行动者，是基层工作者治理能力和行动智慧的体现。因此，对社会工作法的提炼和总结也能有效克服基层治理研究中"只见制度不见人"的弊端，将社区工作中的经验典型和能人示范作用引入其中，从而能掌握直面基层实际问题并灵活解决的个体性，有利于拓宽基层社会治理研究的理

---

① 田毅鹏，都俊竹. 社区工作法的"治理禀赋"与基层社会治理升级[J]. 东岳论丛，2021(11).

论维度。因为，重层结构的良性运行，不仅需要完善的制度环境和社会条件，也需要身处其中的行动者的主动性和实践智慧。

一、社区工作法的生成条件

中国基层社会的独特历史传统和运作特点是社区工作法生成的主要条件。作为一个历史悠久的文明古国，中国拥有不断积累的连续性极强的基层社会治理传统。无论是社会运作特点还是治理取向，在近代的社会转型中都体现出了强大的发展惯性，对中华人民共和国成立后的基层治理形态的形成产生了重要影响。从发展路径和内涵来说，社区工作法正是对中国基层社会治理传统的继承和激活，通过传统治理方式中的优秀因素的提炼凝聚，进而形成新时期治理智慧的类型化。

1. 传统基层社会的互嵌型次生治理形态

传统中国社会在制度上体现为"王权支配社会"的表征，表面上，君主通过秩序井然的官僚体系控制社会的各个方面，使得这种中央集权的统治秩序极为稳固。但这种权力体系向基层社会的渗透却较为滞后，甚至形成了"皇权不下县"的统治格局。由于国家权力无法深入基层社会，对基层管理只能依赖在基层社会中拥有权威的士绅阶层。士绅阶层在社会中拥有知识、功名及话语权等，在身份建构方面兼有官方和民间的双重性质，其在基层社会中的身份权威和影响力使之成为国家权力的代理人，一方面作为"非正统人员"完成国家下达的治理任务，并维护基层社会秩序和稳定，国家力量通过这种方式嵌入基层社会秩序。另一方面则能向国家体系反馈基层民意和利益表达。民间力量也通过士绅嵌入国家行政体系之中，尤其是能在基层民众之间发生矛盾纠纷时充当仲裁者和维权协商的主导者，从而将基层矛盾化解在最低的层次。由此形成了一个非正式权力运作的制度性空间，这使得中国传统的基层社会运行呈现出介于原生秩序和外生秩序之间的次生秩序，其治理形态也是一种有别于原生治理和外生治理的次生治理形态。[①] 这种治理形态融合了国家意志和基层声音的表达，治理工具则是以所在场域中的地方性知识为主外来

---

① 王杨. 传统士绅与次生治理：旧基层社会治理形态的新考察[J]. 浙江社会科学，2020(2).

知识为辅,治理主体通过国家赋权的形式实现了一种成本较低但能兼顾国家与民众利益的治理效果。这种基层治理形态具有民间性和乡土性,成为中国在社会发展中保持强大惯性的治理传统。这一传统也深刻地影响了中华人民共和国成立后社区工作法的生成和演进。

2. 差序格局的基层人际互动结构

差序格局是费孝通先生提出的中国本土化的社会关系概念,也是对中国传统基层人际互动结构的精确描述,深刻地体现了中国独特的传统乡土社会结构。费孝通认为,中国乡土的社会关系格局类似于水中的波纹。当一粒石子投入水中后,会在水面上激起一圈一圈向外延展的波纹,每一人就像这些圆形波纹一样以自己为中心,距离中心越近关系越亲密,距离中心越远关系则越疏远。而血缘、亲缘和地缘等因素则是左右亲疏远近的关键。费孝通将这种以自己为中心向外推移而形成的关系结构称为"差序格局"。^① 这一概念因为深刻概括了传统乡土社会特征而成为中国社会学早期最有影响力的学术分析工具。差序格局不仅深刻地影响了中国基层社会中的人际互动结构,而且在基层社会资源的配置方面发挥了重要的影响力,权力、身份、地位和财产等方面的资源无一不是按照差序格局的模式进行分配的。尽管差序格局的概念是针对旧中国的乡土社会提出的,但对中华人民共和国成立之后直至改革开放之后的现代中国基层社会仍有很强的解释力。因为人在处理人际关系时会采取亲疏有别的不同的处理方式,这使得在基层社会治理中作为外来力量的管理者往往很难深入基层之中,其治理实践也更难获得本地人群的配合。为此,国家行政体系不得不更多地借助于与本地有亲密关系的人群进行间接管理。同时,因为差序格局所造成的人际交往的亲疏有别,以理性为原则的治理实践往往阻力较大,而血缘和亲缘中的感性因素的使用则更容易产生效果,这也为以情动人的情感治理实践提供了基础。而中华人民共和国成立之后在基层治理中形成的社区工作法,其中蕴含的本地人员的行政吸纳、情感动员等因素无不是受到差序格局的人际关系结构的影响。

---

① 费孝通. 乡土中国[M]. 北京:北京大学出版社,2012:42.

3. 传统儒家文化中重道德伦理的治理思想

儒家思想是中国传统文化的思想核心，其中的很多方面在历史的发展中不断融入基层社会的治理实践中，进而也影响了中国传统社会的基层治理形态。儒家思想强调"民本""民贵君轻"等理念都体现出了以人为本、重视民情的特点。在儒家思想上升为国家治理理念之后，这种理念也推动了历代统治者在推行各项政策时注意体察民情，了解民间疾苦，主张爱民、富民、信民、德治等，在治理实践中这种对民情民意的强调实质上体现了对基层社会秩序的尊重，避免在实践中统治意志对基层民众生活进行过多的干扰。此外，儒家思想还注重伦理道德的教化，反对以强力压制的手段来实现治理目标。儒家道德范畴的核心是孝，"孝"意味着对自己的至亲的爱是一切道德的基础，而以"孝"为出发点的"仁"又将这种对至亲的美好情感推广到亲情之外的人群，从而通过提升自身的道德品质推己及人，最后实现整个人际关系的友善亲睦。这种以孝为中心的道德教化、以伦理关系为中心再向外推广至所有的人际关系，实质上是将人际关系伦理化，以孝悌之道来整合所有的社会关系。在这样的社会关系导向中，主导人际关系的是伦理道德而不是理性，而伦理道德中又与情感表达存在着天然的亲和性。由此也形成中国传统基层社会互动结构中重人伦、重情感因素的特征。而为了更加有效地实现基层社会的动员和管理，这种人伦、情感等因素也被融入治理实践当中，情感互动、伦理关系的运用等都在传统基层社会治理中发挥了重要作用，中华人民共和国成立之后产生的社区工作法，从某种程度上正是对这一治理传统部分要素的转换和继承。

二、社区工作法的发展演进

社区工作法是新中国基层治理实践中治理主体创造性利用基层资源来实现治理目标的集中体现，这与中国共产党的自身传统和理想信念息息相关。可以说，社区工作法既是对新民主主义革命时期革命传统的继承，也是新时期街居制下基层工作者的实践探索的结果。

1. 新民主主义革命时期的基层动员传统

在新民主主义革命时期，中国共产党提出要依靠中国人口占主体的农民并团结大多数人群。在之后的革命实践中，群众性政党的性质逐渐转化为具体的行动策略和指南，并最终在土地革命时期形成了带有理论凝练性质的群众路线，强调党的组织要深入群众，党的活动要紧密依靠群众，为此必须努力克服党组织内部的官僚主义和形式主义。群众路线在随后的发展中上升为党的生命线和根本工作路线，并在实践中形成了丰富的动员策略和群众工作方法，使革命力量不断壮大，革命形势愈加好转。群众路线在抗战时期走向成熟，并在解放战争中成为中国共产党走向胜利的法宝。因此，党组织和党的实践活动始终深入基层民众，与群众打成一片，使党的革命活动有了深厚的社会根基，与国民党政权的统治活动无法深入农村和农民、统治根基薄弱形成鲜明对比。可以说，新民主主义革命时期的基层动员传统不仅是革命胜利的保证，也是中华人民共和国成立后中共最为宝贵的革命遗产，其相关的理念和策略是中华人民共和国成立后基层治理探索的重要依托。

2. 中华人民共和国成立后街居制下基层工作者的实践探索

在中华人民共和国成立之后的城市社会改造中，通过不断探索形成了以单位制为主、街居制为辅的城市基层治理形态。在城市治理以生产单位为基本组织细胞的条件下，街道办事处与居民委员会成为整合那些非生产单位人群的辅助性机制，其中，街道办事处是上一级政府派出机关，而居委会则是在城市基层政权指导下进行工作的群众自治组织。尽管在最初的设计中，街道人群最终会全部加以组织或就业，拥有自己的单位，街居制更多的是作为一种过渡性的基层治理机制而设计，但在街居制管理实践中不断创新管理方式和工作方式，形成了一系列行之有效的基层治理策略，如20世纪60年代的浙江省诸暨市枫桥区，基层工作创造性地形成了"小事不出村，大事不出镇，矛盾不上交"的枫桥经验，在经过毛泽东主席批示后向全国推广。随着社会发展变化，枫桥经验也不断被赋予新的内涵，从最初的"调和阶级矛盾"到之后的"加强社会管理"，枫桥经验所代表的坚持"群众路线"、人民主体地位、自治德治法制相结合的治理取向从未改变，而这些方面正是对传统基层社会治理经验的智慧型继承和转换。正是因为街居制下的基层治理策略立足国情，延续了注重地方性经验和知识整合的基层治理特点，所以才能在实践中不断发扬光大，并取得了诸多治理成绩，街居制也在这一过程中转变为一种长期的基层管理体制。

3. 新时期基层治理创新中的技术赋能

在单位制解体之后，后单位社会中国家与社会关系的重构带来了城市基层社会管理创新的问题，而这一问题的核心则是如何克服社会原子化动向、完成社会的再组织化，始于 1991 年的社区建设即是对这一问题的回应，各城市先后根据自身经验形成了"上海模式""沈阳模式""武汉江汉模式"等典型社区建设模式，并在此基础上诞生了网格化管理。

所谓网格化管理，"就是在保持原有街道—社区管理体制不变的基础上，按一定标准将城市社区划分为若干个单元网格（一般一个网格内常住人口为 4 000～5 000 人），并搭建与统一的城市管理数字化平台相连接的社区信息化平台，通过加强对单元网格的部件和事件的巡查，建立起一种监督与处置相分离的新型基层管理体制。"[①]网格化模式最大的优势便是对信息化和数字化管理技术的运用。在 2004 年北京市东城区首次将数字信息技术引入社区管理之后，全国先后有三十多个城市开始网格化管理试点，网格化管理逐渐发展成为一种融合管理与服务功能的、极富中国特色的社区管理模式。在网格中，多元化主体的参与使得"社会管理""公共服务""党的建设"等内容在社区中均能得到有效的落实，社区居民也可以通过网格表达意见、参与社区事务和社区活动，提高了社区参与的水平。无论是社区贤达，还是社区中的社会组织，都在"网格"这种精细化、动态化的运作机制中发挥作用，使原本处于碎片状态的城市基层社会力量能重新整合，在社区事务的参与中重构内部连接，增加社会资本的存量，这些都对新时期社区工作法的创新具有重要意义。

三、社区工作法的内在结构

社区工作法是对传统基层社会治理和新中国基层治理实践的继承上而生成的，但它更多地表现为社区工作者个体性的创造和对多种治理策略的灵活运用，因此，在理论提炼概括方面，它所具有的治理禀赋是在宏观和微观两个层次上相互贯通并渐次递进的。

[①]　田毅鹏，薛文龙. 城市管理"网格化"模式与社区自治关系刍议[J]. 学海，2012(3).

1. 宏观社区工作法

从总体上来说，社区工作法是社区工作者在治理实践中探索的总体性、体系性、结构性的经验概括。基层社区治理工作具有明显的整体性特征，这就意味着社区工作法在各方资源的整合上要统筹兼顾，建立起有独特意义的连接。很多问题的解决都需要多方的通力合作与配合，社区工作法在其中就起到了连接作用，将不同的部门和所能提供的资源按程序串联起来。比如在党、政府和居民之间，社区工作法所要发挥的功能就是上传下达，将党和政府的政策和服务向下传达给居民，对居民的诉求和难题向上传递给党和政府来解决。另外，从群众性的意义来讲，社区工作法是与党的群众路线紧密联系在一起的。不仅要发挥基层党员的先锋模范作用，保持高度的思想政治觉悟，并用党的路线、方针、政策影响他人，而且要密切联系群众，深入一线充分发掘群众中的力量，在基层形成有高度凝聚力的自治性群体。如吉林市筑石红社区实行"1365 工作法"①，即坚持党建引领，践行群众路线，规范党员行为，完善社区服务体系，在社区中形成了和谐的党群关系。社区工作法是针对现实中遇到的一系列问题探索出来的实践经验。社区工作者在社区基层治理实践的过程中，面临的问题与社区所处的空间区位有着直接联系。社区工作法具有可复制、可推广的价值，但并不意味着生搬硬套，进行推广只是提供一份可供参考的实践模式，还是要根据自身情况进行取舍来选择真正适合自己社区的工作方法。

社区工作法总体性、体系性、结构性的提炼案例：JZ 街道新时代文明实践站依托社会工作服务站提出"1256N"的运营模式②

JZ 街道深入结合"1＋5＋N"基层治理模式，延展"1553"工作法的创造性与协作性，将街道主体及所辖 6 个社区的优势资源整合，建设具有建筑特色的文明实践宣传活动基地。依托各社区现有场所条件，打造符合社区实际的新时代文明实践站，做到牌匾、各类制度、组织机构、志愿服务队伍上墙，文明实践活动季度性安排，街道所辖一街 6 社区全部完成场所建设，且依托

---

① 闫欣.探索"1365 工作法"创新社区治理新模式[J].法制与社会，2021(5).

② 见 JZ 街道的街道办事处内宣传栏。

新时代文明实践所、站开展各类宣传教育活动 50 余次。街道于 2021 年 9 月正式成立运营街道办事处社会工作服务站。引入社会组织哈尔滨市香坊区桑榆为老服务中心，承接黑龙江"蒲公英"计划社会工作服务站试点项目，社工站以其专业的社工团队和服务技能，为建筑街道新时代文明实践所（站）的运行注入新鲜血液，以其更为广阔的社会资源和运营能力，为街道增添新动能。街道新时代文明实践所（站）依托社会工作服务站，提出"1256N"的运营模式，即：以党建为核心，将社工站与壹基金儿童服务站两站相融合，采用社区为平台、社会工作者为支撑、社会组织为载体、社区志愿者为辅助、社区公益慈善资源为补充的"五社"联动方式，整合组建了六支志愿者服务队伍，服务于多个社会领域，助力民政，解决"老小弱困急难愁盼"的问题，打通为民服务的最后一公里。

JZ 街道新时代文明实践活动站自建立以来，依托辖区社工站，以辖区六个社区原有的各类志愿服务队为基础，重新整编，以黑龙江省志愿服务系统平台为志愿服务活动发布载体，制订志愿者注册、活动报名及参与指南，志愿者培训及星级评定等制度，通过专业团队中社工的教育引导，使街道辖区内志愿者的综合素质得到普遍提升，达到提质赋能、高效服务的目的。目前，JZ 街道共有注册志愿者 900 余人。通过不断的整合公益慈善资源，建筑街道新时代文明实践所（站）依托辖区社工站目前已将辖区范围内困境人群的公益慈善全面覆盖，开展志愿服务活动。从而拓宽了建筑街道"1＋5＋N"基层治理模式的延展性，使得"助人自助"理念深入人心，在更高、更广的范围内回应了百姓需求，为基层治理的不断创新提供更大的空间。

2. 微观社区工作法

社区工作法还具有个体性的特点，一线社区工作者长年累月地扎根于社区，深入基层了解社区的地缘关系、人际关系，形成了一套独特的具有个人禀赋的社区工作法。社区工作者通过与居民之间的长期相处，逐步建立了稳定的联系。很多治理技巧要发挥作用，需要存在彼此熟悉、相互信任的环境，简单来说就是社区工作者能凭借个人魅力来获得居民的支持。而且受社区工作者本人的生活经历、性格气质的影响，所形成的经验带有浓厚的个人色彩，所以很多社区工作法是以个人来命名的。如"郑翔社区工作法"，就是郑翔在曲江街道的社区工作中不断探索创新，总结出的"以党建为龙头，形成战斗堡垒；以服务为抓手，感动千家万户；以文明为追求，提升居民素质；以创新为动力，完善社区工作"①的社区特色工作法。在社区治理中个人也不能与集体脱离，需要相互之间的支持配合，个人的智慧与团队的行动进行结合的方法才是真正意义上优秀的社区工作法。

个体性社区工作提炼案例：金牌调解员伏雅洁以情动人、以法育人②。

伏雅洁，中共党员，退休后担任 JZ 街道三合社区网格员、楼长。从事人民调解工作 6 年来，她成功调处各类矛盾纠纷 100 余件，调解成功率达 95％以上，在调解工作中做到了"小事不出社区，大事不出街道"，上为政府分忧，下为百姓解难，将大量矛盾化解在基层，维护了社区的稳定。

SH 社区丽郡居民李某来到社区，要求调解他家和楼上居民的邻里纠纷。原来是住在丽郡 6 楼居民张某家的厕所排水堵塞，因疏通时，损坏下排水管道，污水渗到了 5 楼李某家，从天花板渗污水且有难闻的气味，给李某的日常生活造成了诸多不便。于是李某找到张某理论、沟通，希望能在此问题上达成一致，和平处理。谁知张某却告知李某应该找物业的管理人员，自己不会承担由此产生的相关费用。理论不成，李某来到社区要求给予调解。初步了解了事件的经过后，伏雅洁到李某家查看漏水情况。揭开他家厕所的顶棚，发现顶棚上确实存在漏水的情况，且在厕所灯的插线板滴水，存在严重的安全隐患。意识到问题的严重性，伏雅洁上楼找到张某，就相关情况向张某说明，张某得知情况后也来到李某家查看，之后张某表示厕所的下排水管道是两家人共同使用，而且管道属于李某负责，他们也有维护的责任，另外，房屋年代已久，损坏也是情理之中，不应该仅仅是她一方的责任。为了更全面地了解情况，明确各自权责，促使问题得到合理解决，伏雅洁通过电话联系上了物业负责人，就厕所漏水相关维修问题进行了咨询，负责人回应就墙体的公共部分，下排水管在墙内的主要管道由单位维修，厕所里管道则由住户自行负责维修，且遵循上管下的原则，具体的费用则需要维修人员上门查清

---

① 陈桂香，王海华. 曲江推广"郑翔社区工作法"[N]. 扬州日报，2009-12-04(1).
② JZ 街道的街道办事处工作总结材料。

状况再做决定。次日，维修人员检查后告知李某，因是厕所的管道，且是楼上住户张某一家人在使用，因此按照上管下的原则应由楼上住户出钱维修。张某得知情况后却表示不愿意承担全部费用，并要求和楼下住户一家出一半，否则她不愿意再理会此事。伏雅洁在了解相关情况后，再次来到张某家进行调解。她从邻里关系的相处及拖延可能导致的严重后果出发对张某进行劝说："已经帮你们打听过了，涉及下排水管道都是上管下，你现在住在李某的楼上，就要对此问题负责任，同样，住在李某楼下的住户如遇类似问题也会由李某负责。从事件的发展态势来看，如果此事拖延过久，造成电线浸水短路，发生火灾，后果更不堪设想，你的责任就更不用说了。况且这次总共的费用也不高，就一百多元，解决了问题，邻里和睦以后也好相处。"同时，伏雅洁也向张某宣读了相关的法律法规，《中华人民共和国民法通则》第五章"民事权利"第八十三条，不动产的相邻各方，应当按照有利生产、方便生活、团结互助、公平合理的精神正确处理截水、排水、通行、通风、采光等方面的相邻关系，给相邻方造成妨碍或者损失的，应当停止侵害，排除妨碍，赔偿损失。伏雅洁也谈到《物权法》第八十四条规定，"不动产的相邻权利人应当按照有利生产、方便生活、团结互助、公平合理的原则，正确处理邻里关系"。因此无论从法律法规还是道德情感来说，都应该本着有利于邻里和睦和谐的方向处理。在听取了调解员的一番劝解后，张某认识到了自己在处理邻里关系中存在的不足，答应会按相关规定处理此事，也愿意承担相关费用，处好邻里关系。就此，一场有关漏水问题造成的邻里纠纷便得到了妥善的处理与解决。

以情动人，以法育人，调解架起连心桥。伏雅洁说，在社区，许多矛盾纠纷往往是由一些鸡毛蒜皮的小事引发的，如果调解得不及时，就会酿成大的矛盾纠纷，甚至走向激化。因此老百姓的事无小事。在她的 100 余册调解记录档案中，记载调解的小纠纷占绝大部分。因为人民调解工作和维护稳定工作成绩突出，伏雅洁得到了群众的肯定和赞扬。

第二节 社区建设中形成的各类社区组织

20世纪90年代开启的社区建设运动，先后在全国各地形成了多种典型的社区管理模式。在法制化和规范化的引导下，在社区建设中先后形成了多种多样的社区社会组织和情感动员机制，它们在协调邻里行动、化解社区矛盾等方面至今发挥着重要作用，是重层结构中不可缺少的治理资源。具体来说，社区社会组织包括社区议事组织、社区监督组织和社区专业服务组织等。

一、社区议事组织

社区议事组织包括社区民主议事会、议事协商会议等，这类组织体现了社区文明的广泛性。它的主要任务是发动社区全体成员参与到社区治理中，由社区居民或业主选举出的代表进行讨论和决策，所涉及的都是居民普遍关心的问题，以处理与社区建设和管理相关的社会事务。这种形式作为居民参与社区事务的渠道卓有成效，居委会也能在与社区居民相互沟通的基础上深入了解民情、充分反映民意。

社区协商议事组织能在社区治理实践中发挥什么样的效能取决于程序和规则的完善程度。因为社区居民是基于个人利益而参与到社区议事组织之中，其参与行为具有主观性、个体性，尤其是在当前社会收入差距较大、利益多元化的条件下，如果缺乏对议事规则和程序的尊重，则很容易陷入沟通无效、偏离主题等议事困境，难以形成具有操作性的一致结果，使社区议事组织失去意义。同时，中国基层社会草根阶层在传统思维中对议事规则的认知也很淡薄，亟须将议事规则在社区议事组织中推行。为了引导居民在积极参与的同时理性表达和尊重规范，可以引入基层民主实践中通行的罗伯特议事规则的民主理念及其实践做法，从议事准备、议事组织、议事结果落实三个部分来推动社区议事组织的规范性建设。罗伯特议事规则是诞生于西方民主实践的一套议事规则，并在政治、经济和社会领域得到了广泛的应用，取得了良好的社会效应。其具有元规则性、可操作性和价值共识性，通过对议事程序的各个方面均做出详细的规范，以保证社会不同个体和组织之间通过民主博弈来实现利益均衡。① 目前，民主议事规则已经在国内不少城市社区中推行，并在解决矛盾、纠纷中取得了良好的效果。如上海浦东社区提出了"七不"社区议事规则："不打断、不超时、不跑题、不攻击、不扣帽子、不贴标签和不质疑动机。"②同时还在社区议事中设立了仲裁主持人来维护议事规则的权威。这一做法有效改变了过去社区讨论时杂乱无章的秩序，让参与者在理性发表看法的同时推动公共议题的协商效率。深圳的罗湖区在先期试点的情况下于2013年在83个社区推广罗伯特议事规则，在社区居民参与的过程中形成大家都认可的议事规则，并对社区公共事务按照轻重缓急进行排序，大大提高了公共议题在讨论中形成一致意见的效率，同时也有利于快速抓住公民广泛关注且迫切需要解决的问题。议事规则的中国基层实践有效地提升了社区决策的效率和社区居民自治的水平，通过民事民议这种接地气的方式能开启基层民主新路径，这种方式也是协商民主的有效实践形式，让居民和社会组织有序参与社区事务，降低了政府行政成本，群众参与决策不仅能提供集体的智慧，也能缓解矛盾，实现了基层社会管理创新，推动形成互补互动的服务体系。以平等的对话机制，让各方进行充分的表达，使居民自我管理、自我服务、自我教育、自我监督的渠道得以拓宽，实现政府管理和基层民主的有机结合，较好地解决了事务管理难、居务公开透明不够和居务管理比较混乱等问题，在现实中取得了明显的成效。社区议事组织可以是正式的，也可以是非正式的，通过建立和完善各项规章制度，定期召开会议，听取社区的工作报告、工作计划，反馈居民意见，提建议和意见，以及监督社区工作和制度的执行情况，使基层社区管理中民主协商工作效率得到了全面的提高。

社区议事组织民主协商案例：民主协商工作室③。

JZ街道民主协商工作室是香坊区的试点，也是首创。民主协商工作室是自治组织中的一个议事机构，以委员会的形式参与社区的民主管理、民主监督、民主决策。这个平台，不仅架起了街道与居民沟通联系的桥梁，而且在

---

①　文小勇.协商民主与社区民主治理——罗伯特议事规则的引入[J].河南社会科学，2021(7).

②　文小勇.协商民主与社区民主治理——罗伯特议事规则的引入[J].河南社会科学，2021(7).

③　JZ街道工作总结材料。

委员们的积极参与响应下，成了化解矛盾、调解纠纷的有效途径。街道民主协商工作室作为联系和服务居民的自治组织，怎样才能把该管的事管好，把为百姓服务的事干实，是一直追求的工作目标。民主协商工作室成员吸纳了地区内各级党代表、人大代表、政协委员、居民代表、驻街单位代表、派出所民警、物业人员等，他们的加入为各项工作打造了坚实的基础。

"有事好商量"，民主协商工作室建立以来，围绕小区堆放垃圾、商铺存在安全隐患等事关群众切身利益的事项多次召开民主协商会议，多种矛盾纠纷相继得到解决，产生了良好的社会反响，得到了居民的一致赞许。JZ街道各社区居民代表利用小区微信业主群广泛收集民意、倾听民声，采用线上微信群收集、监控排查和线下组织排查、窗口受理等方式了解居民需求并及时协商处理。民主协商全过程分为三个阶段，分别为：议题由来、交办议题和协商解决。串起民情流转、协商议事和落实反馈三个阶段，真正把群众反映的事放在心上，为辖区居民带来最大的幸福感和安全感。

二、社区监督组织

社区监督组织包括社区监督委员会等，其作用主要在于真正发挥社区居民的民主监督作用。在遵守相关的法律法规和政策规定的前提下，这类组织从社区居民最关心的利益入手，有利于调动社区居民的积极性，让其广泛参与其中，扩大社区居民的知情权、参与权、决策权、监督权。社区居民也能通过这类组织开展有效的监督活动，弥补社区监督缺位的问题，避免基层监督流于形式。从总体上来说，社区监督组织实质上是社区民主监督体系的一环，同时与社区议事组织一起都是践行基层民主理念的重要表现形式。一方面，社区监督组织能通过保障社区居民的民主监督权利有效地规范基层管理人员的行为，从社会治理最低层面上提升到对社区公共事务的监督，使党风廉政建设有了坚实的社会基础。另一方面，社区监督组织能让社区居民及时有效地了解事关自身利益及其关切的公共事务的信息，推动社区治理环境的改善，从而有效地提升自身的生活体验，建立秩序良好、公共利益不断提升的和谐社区。

目前，社区监督在基层社会治理实践中也形成了多种不同的监督模式，具体可依据监督内容分为：①"听证式"民主监督，即通过听证会议、定期查看公开事项等方式及时对社区中的各种公共事务进行监督；②"参与式"民主监督，即对涉及公共投资建设的社区基础设施和服务，在整个建设实施过程中全部参与其中，尤其是对集体资产的规范性使用和政策的执行进行严格的监督；③"审核式"民主监督，即针对社区财务的管理环节和程序的规范性进行监督，尤其是对涉及社区居民利益的社区共有资金、民生资金、工程资金是否公平合理地使用进行审核，以确保社区财务的透明公正；④"承诺制"民主监督，即针对社区党委在领导工作中是否存在权力滥用的现象进行监督，将社区领导管理权力使用的过程视为对社区居民承诺履行的过程，从而全程监督以确保社区管理实践能按照相关规章制度进行。虽然目前城市基层社区监督组织在数量和质量上都得到了前所未有的提升，但从总体上看，社区监督组织的发展还处于起步阶段，在外部制度支持、监督范围和组织人员的专业化水平等方面均存在不足，尚未形成组织健全、运行规范、覆盖全面的高水平社区监督体系。在未来的发展中，首先应强化社区监督组织规范性和独立地位，在民主监督方面真正能扮演好自身的角色，将监督工作的实效性和可操作性视为第一要务。其次，要将社区监督组织的发展与社区治理水平提升结合起来，在基层治理现代化的进程中注重与其他的治理机制和组织的连接形成组合拳。最后，提高社区监督组织人员的自身素质与水平，使其在相关监督工作中能发挥专业作用。总之，社区监督组织能有效保障社区居民的基本权利、维护居民利益，通过提高社区居民对社区事务的了解和参与热情，让社区在日常管理和发展方面拥有更加坚实的群众基础，同时也能提升社区自治和民主监督的水平，推动基层社会治理体系和治理能力的现代化。

社区监督组织案例：社区联席会议监督物业清除乱倒垃圾[①]。

LH小区墙外无名街路出现垃圾随意倾倒现象，随着气温上升，严重影响了居民的生活质量，引起小区业主的诸多不满。社区得知这一情况后高度重视，立即联合小区红色物业、居民代表召开联席会议，就如何对垃圾进行及时清理给出实施意见，并达成三方共识。方案拟定后，红色物业立即着手组

---

① LH社区工作总结材料。

织工作人员、志愿者连同热心住户共同将垃圾清理干净。经过一整天的忙碌，20 多麻袋垃圾被装车运走，加上用高压水枪的冲刷，原来脏乱差的街路已然焕然一新，红色物业通过自己的努力，解决了居民与物业间的突出矛盾，提升了小区环境卫生质量，得到了业主的一致好评。

三、社区专业服务组织

社区专业服务组织是指在社区中能提供某些专业服务工作的组织。总体上社区服务组织都具备鲜明的非营利性、社会性、公益性等特征，其服务空间主要在基层社区之中，以满足社区居民的多元化需求。由于在我国"社区服务"这一概念的指向极为宽泛，这也造成在发展中形成了各种类型的社区服务组织，具体来说包括：为社区弱势群体服务的服务组织，如孤寡老人、残疾人士等所成立的残疾人协会、孤寡老人服务队等；由社会力量举办的专业化社区服务组织；社区居委会等社区组织举办的社区服务项目，如社区老人日间照料室、社区老年服务活动中心、社区小学生课外辅导服务站等。它们的引入往往先要与社区居民进行沟通，充分吸纳社区居民的想法和建议之后，再经过协商一致，培育或者引入社区。因为这类组织的活动根据居民的需求和意愿制订方案，具有很强的针对性，也容易获得接纳和支持。

随着城市基层社会治理现代化的推进，社区专业服务组织在数量上不断增长，在组织形式和功能方面朝着专业化和专门化的方向发展。开展服务的领域涉及教育、卫生、文化、体育、劳动、民政等方面，在运作机制方面，主要是通过合同外包、民建公助、政府购买服务等方式承接社区公共服务项目，从事服务产品的输出来造福社区居民，提升社区公共服务水平。不过，和其他类型的社区组织一样，社区专业服务组织同样也面临着内部发育不足、外部环境支持薄弱的困境。为此，首先应发挥引领促进作用的是重层结构中的基层政府和派出机构，转变自身的工作方式，积极履行自身职能，尤其是要从社区服务的提供者转变为社区服务组织的培育者，将更多的社区服务内容转交给专业化的社区服务组织承接或生产，而基层政府为其提供更多的政策、资金和发展方向方面的支持。就社区服务组织自身而言，则需要以社区居民的多元化需求为核心，立足现实，形成更加"接地气"的服务项目和服务方式，与社区居民的现实需求相契合，从而为自身的发展打下坚实的社会基础。其次，要不断吸引高水平人才，提升自身的专业化水平。专业化服务需要专业化人才支撑，当前社会中仍有把非官方性质的社区组织成员视为"义工""志愿者"的片面看法，难以吸引高学历的年轻毕业生。为此应提升薪资待遇尤其吸引专业对口的高校毕业生，以优化社区服务组织的人才结构。最后，在内部运作机制方面，社区服务组织应该不断完善自身的组织结构，避免"非官方即非正式"的误区，推进内部的规范化、正规化建设，健全内部的管理运作模式，提高决策科学性和服务产品的质量，打造自身的社区服务品牌，最终与政府提供的社区公共服务形成优势互补、协同发展的良好局面。

社区专业服务组织案例：社区组织扎实参与社区服务[①]。

一段时间以来，居民代表频繁向街道、社区反映，小区老年人越来越多，希望社区多开展针对老年人的义诊、送健康等服务惠及社区居民，提高社区居民的身体素质和生活质量。JZ街道通过引入第三方社会组织，搭建平台，从而帮助居民解决问题。6月份以来，由街道牵头主办、康养柔性正骨团队承办的康养进社区公益性系列活动在辖区内六个社区依次开展。社区老年人得知康养进社区大型公益活动的好消息后，积极踊跃报名参加。康养老师在为大家讲解健康知识的同时，为大家揉正颈肩、腰部，缓解病痛，并且教会大家平时应当如何保健。通过定期的康养社区行活动，切实缓解百姓病痛，倡导健康生活方式，提高广大老年人的健康意识和自我保健能力，得到了居民群众的一致认可，获得了老年人的好评，取得了良好的社会效益，为邻里间和谐，社会稳定打下坚实基础。

第三节　"双重治理结构"中的社区社会资本

中国从集体化时代一直到20世纪90年代，城市社会形成了以"单位制"为主、"街居制"为辅的"双重治理结构"，而到90年代社区治理结构又演变成

---

① JZ街道工作总结材料。

以"街居制"为主,"单位制"逐渐消退的模式。尽管目前单位制已经消解,但在原有的"双重治理结构"中形成的基础社会资本却仍然存在,在城市存在的大量老单位小区中,原有的居民因为共同的经历和社会记忆而形成了相似的行为模式和互动结构,其中存在着信任、规范以及网络等要素,能通过促进居民间的合作行为来提高社会效率。具体而言,"双重治理结构"中形成的社区社会资本可从关系资本、规范资本和参与资本三个部分展开分析。

首先是社区关系资本,它是由社区居民之间的非正式交往而产生,因亲密互动而将个体性信任扩展到陌生人之间形成普遍性信任,从而促进社区居民之间的互惠和合作,降低合作成本。"双重治理结构"中的社区居民生活带有封闭性和排他性,社区居民拥有相近的利益和共同的生活内容,对社区的义务和活动的关注度也更高。在这一背景下,邻里之间的非正式交往频率和深度都要更显著,因此更为容易形成密切的互动关系,共同或相近的社会记忆也更能形成亲密感和情感支持,并在此基础上形成社区意识。在这一过程中形成的互惠关系网络也比普通的商品房小区居民关系要更加牢固和稳定。

其次是社区规范资本,"双重治理结构"中的社区居民在共同生活和共同利益的推动下,对社区生活的公共领域也格外关注,自下而上形成了很多对个体行动和集体行动的规范和规则。与正式规范和规则不同,这种规范资本是一种"软资本",它凭借人与人之间的情感、信任等因素来完成对公共治理主体的约束,能有效解决交往关系中的邻里矛盾和公共问题,虽然不是正式的性质,但是在社区生活中具有很好的规范和引导效用,是富有人情味的治理手段。

社区规范资本案例:SL 社区人大代表联络站[①]

SL 人大工委自 2020 年 7 月以来,按照"建好、管好、用好"代表联络站的"三好"总体思路,紧紧围绕区人大工作部署,以"抬高杆、抓闭环、重创新、出实效"的建设方式,精心打造 SL 街道人大代表联络站。代表联络站使用面积 80 平方米,六有标准全面达标,软硬件设施齐备,代表议政、交流、培训、述职等均可在站内完成。

---

① SL 街道工作年度总结材料。

目前，进站的代表有 19 位，其中全国人大代表 2 名，省人大代表 1 名，市人大代表 6 名，区人大代表 10 名。进站单位 2 家，分别是香坊区住建局和香坊区人社局。通过"街道人大工委—代表联络站—代表联络点—代表网格"的四级网络进行闭环管理。以季度为单位，提前公示季度活动安排表，对接进站部门及代表，并在各选区宣传活动主题，通过"点对点"线上微信群反馈问题，以及"面对面"进站提供服务，使人大代表主体作用得以发挥。市、区进站代表纷纷率先垂范，并动员号召 100 余人次支援检测工作，筑牢疫情防控"安全网"；主动对接 30 余户困难家庭慷慨解囊，累计捐赠 3 万余元；积极参政议政，围绕"七大都市"建设、"能力作风建设年"等重点工作，主动走访企业，为企业疏解困难。已开展进站主题活动 32 次，其中，政府部门进站 8 次，联系选民 160 余人次，收集意见、建议 40 余条，代表走访调研 6 次，为群众提供咨询服务 10 次，帮助社区解决难题 12 件，形成了有效解决困难问题的良性循环。通过街道人大代表联络站的设立，为街道代表小组学习、培训、会议、视察等活动搭建了新平台，使之成为代表小组各项活动的场所和组织、协调、联络的日常办事机构，实现了人大代表在闭会期间活动的经常化、规范化和制度化；通过代表接待群众，为代表联系群众，依法履行代表职责，充分发挥代表作用搭建了新平台，使代表能进一步了解社情、民意，切实解决群众反映的问题，最终实现"人民选我当代表，我当代表为人民"的宗旨。

最后是社区参与资本。社区社会资本最重要的意义在于其能转化为相应的社会行动，在当前，社区居民的集体行动，大多是视自身利益的关联度而决定是否参与，如与自身利益相关度较低则选择弱参与。而单位小区的居民因为相互熟识且信任度较高，往往能超越自身利益而积极主动地参与社区的公共活动，从而有效克服搭便车的心理，在行动的参与度上要更高。社会资本的运转重心在于社群整体的发展，而其中的核心则是基于关系的社会网络资源，该资源越能自由地转化为集体行动，则意味着社会资本越强。[①] 由共同利益整合在一起的居民，在与外部社会控制结构的互动中产生社区认同感，

---

① 张雪霖. 城市社区邻里关系性质研究[J]. 经济社会体制比较，2020(6).

形成共同体精神，促进社区社会资本的积累。

社区参与资本案例：FZ 社区志愿者担任调解员①。

高滨慧自 2019 年退休以来一直担任综治中心调解志愿者，一直热心并献身于社区志愿服务公益事业。2022 年 4 月 25 日，FZ 小区 8 号楼 2 单元 1402 居民麦先生与自己的母亲和妹妹发生纠纷，到社区反映情况：自己和母亲住在一起，以前母亲的工资有 1 500 元，拿出 700 元，用于平时日常生活开销，多年过去了，物价上涨，工资也提高不少。希望母亲能多拿出一些工资(1 000 元)用于家用，以便提高家庭日常物质生活质量。可是妹妹却不同意，并与之发生了争吵。麦先生希望社区能帮助协调解决。当时是社区居委会主任亲自接待了麦先生，同时联系了社区调解员高滨慧让其帮助调解此事，高滨慧通过与麦先生的交谈了解到了纠纷的大概情况，麦先生的母亲现在工资已经涨到了 2 000 多元，母亲的存折一直放在妹妹手里，当事人希望母亲能把存折要回来，方便母亲提钱使用。高滨慧听取了当事人的诉求后，跟着他一起到了当事人家中，跟家中老人说明此次来的意图，并告诉当事人麦先生也叫上他妹妹一起过来谈。志愿者与老人家坐在中间，当事人麦先生与他的妹妹坐在两边，高滨慧先跟老人与麦先生的妹妹表达了麦先生到社区提出的调解诉求，并认真听取了老人与当事人妹妹对此事的态度。老人的态度其实很明确，她也希望把存折要回来，且对儿子提出的多拿出些工资提高生活质量的要求没有意见。只是当事人的妹妹多年来一直替母亲保管存折，对母亲自己保管有些不放心，且对哥哥提出要多拿那么多钱出来贴补家用有意见。经过高滨慧的耐心调解，双方都各让了一步，最终达成一致，从母亲工资中拿出 900 元作为家用，存折由母亲亲自保管。高滨慧认为，这都是发生在我们身边的平凡事、平凡人，如果大家都能献出一份爱，贡献自己的光和热，从身边的点滴小事做起，我们社区会成为名副其实的和谐家园，我们的生活也会更美好！

社区社会资本是一个多维概念，其内涵也被不同学者从不同的角度加以阐述。但其基础作用却是十分清晰的，即社区社会资本表现为一种社会关系网络，其存量能给社区中的个体或群体行动提供便利，并在此基础上发挥社

---

① FZ 社区工作总结材料。

会凝聚和社会联结的黏合剂作用。也正是因为如此，社区社会资本才会被视为是一种镶嵌于社区之中的社会资源，它不仅对个体参与公共生活的质量有极大益处，对提升重层结构的社会治理水平同样具有显著的推动作用。社区社会资本以普遍信任为基础、以社区规范为后盾、以社区互动网络为载体[1]，使社区中的多元行动主体更容易实现自己的目标，增进社区居民之间的团结协作。这不仅能为社会平安稳定和法制提供基础，克服单位制解体之后社会个体化原子化的弊端，推动日趋多元化的基层社会整合，通过形成更具有黏合力的基层自生社会秩序为社会治理水平的提升提供非制度化的支撑。

"双重治理结构"中形成的社区社会资本具有鲜明的治理禀赋特征，在此背景下，一方面应积极推动实现后单位社会中的社区社会资本的现代转换，使之更加有效地契合当前社会治理目标。另一方面，应积极采取措施培育社区社会资本，健全社区社会治理的制度化体系，培育涵盖现代人文关怀和文明精神的公民文化，有效解决社区居民和社区组织之间的合作困境。对社区社会资本的培育，可从内生性动力的发掘和结构性条件的形塑[2]两个方面入手。首先，"双重治理结构"中社区社会资本的生成源自社区居民在共同生活交往和合作需求中，其内部始终存在着生成和发展的内生性动力，包括对长时间居住社区的归属感和情感依赖、共同生活需求造成的邻里之间的合作和互动、对居住社区环境共同利益的维护和诉求等，这些因素都会有效推动各种互惠规范和合作网络的形成，而对这些要素的发掘无疑是提升社区社会资本存量的有效途径。其次，在新时期城市基层社会治理中，社区社会生活的主体多元化、高异质性、高流动性等特征都冲击了传统社区社会资本的形成和积累，为此需要国家力量发挥间接引导作用，通过为社区社会资本提供结构性支撑要素来促进其发展。包括推动以人为本的社区的营造，在空间规划和分割方面为社区居民的互动创造条件；完善社区治理结构，促进社区居民对公共事务的参与，尤其是要为其提供制度化和规范化的保障，增加社区居民之间对公共事务和矛盾解决方面的互助和协作，通过化解矛盾和凝练共识

---

① 韩慧. 社会资本与城市社区治理[J]. 中共济南市委党校学报，2012(5).
② 方亚琴，夏建中. 社区治理中的社会资本培育[J]. 中国社会科学，2019(7).

来实现社区社会资本的再生产。

第四节　社区发展中非正式制度的发掘

非正式制度是指人们在长期交往中无意识地表达并相互模仿传播进而成为得到社会认可的约定成俗、共同恪守的行为准则。虽然它需要长期的、渐进的发展演化才能形成，但形成之后便会具有长期的生命力并最终成为社会文化的组成部分，对社会多元主体的行动具有内在的规范作用。相对于正式制度而言，非正式制度更像是被人内化的无形社会制度，具有自发性和非强制等特征，但它能广泛渗透进社会生活的各个层面，所触及的范围也大多是正式规章制度所无法触及的地方，能有效弥补正式制度供给的不足。此外，非正式制度的延续性极强，发展变化相对缓慢，是不容忽视的社会规范力量。具体而言，它包括价值观念、伦理规范、社会记忆、道德观念、风俗习惯、意识形态等，在当前的基层社会的重层结构中，传统延续的宗族组织、民俗民风和乡规民约等都是值得深入发掘的非正式治理资源。

宗族组织是以家族血统延续扩展出的组织形式，并形成了通过宗祠、族谱与族规、族产等方面承载的宗族制度，成为具有政治、经济、宗教等复杂社会功能的事业型组织。在新时期，宗族组织已经不如在传统社会中那样拥有强大的影响力，但作为传统文化基因中重要的组成部分，宗族组织在很多地区仍然具有强大的生命力并不断自我调整以适应新的社会变化。宗族组织在重层结构中的重要意义在于，它能以血缘和地缘为原则提供基层社会秩序的规范。宗族组织内部的人群拥有血缘和地缘的共性，在社会交往中相互信任和依赖程度较高，由此形成了内在的行为规范和道德规范，弥补正式社会制度不容易触及道德领域和一些行为的局限，从而有利于基层社会秩序的协调，如闽南农村地区的宗族内部互助养老的方式便可成为现代社会养老制度的有益补充。[①] 民俗民风同样具有行为规范的作用，而且约束面极为广泛，如同看不见的手支配着人们的行为。如中国许多民俗活动都是围绕和谐美满的主题所展开，这就是建设和谐社区的重要载体。传统节日中的固定活动，如春节、元宵节、中秋节中的亲人团聚、拜年、祝福，有利于强化社会集体意识、相互交流凝聚共识，构建和谐社区。另外，独特的民俗文化遗存可以适当利用来推动社区的建设。

乡规民约是乡村民众为了"办理公共事务和公益事业、维护社会治安、调解民间纠纷、保障村民利益、实现村民自治，民主议定和修改并共同遵守的社会规范"[②]。乡规民约产生于乡村社会的日常生活逻辑之中，是乡土民众生活方式和朴素是非观的集中体现。在不与现实国家法律相悖的前提下，现实中乡规民约在社区治理中发挥着多方面的积极作用，如促进基层民主、管理公共事务、分配保护资产、保护利用资源、促进团结互助、推进移风易俗等能较为全面地来调整社会关系，促进经济发展并提高居民生活水平。在新时期，乡规民约作为习惯法的重要组成部分具有顽强的生命力，在实践中已经积累了丰富的经验，能为其他类型的自治提供参考。

熟人社区中的潜规则。在熟人社区里不管是居委会的办事风格还是邻里之间的处事方式相互间早已是一种大家所默认的，并且每个人都会按照这个规范处事的原则行事。这种社区自发形成的潜规则对基层社会秩序的维护发挥着看不见的作用。越是基层社会与社区居民日常生活接触较多的微型事务，越需要注意这种潜规则对社会个体行为选择的影响。比如，对有着丰富经验的基层社区工作人员来说，"以情动人"[③]的行动策略即在社区的微更新中发挥着重要作用。而居委会也往往通过善用这些潜规则来推进与社区居民的和谐关系，从而在执行政策时最大限度地避免阻力。

案例：社区老党员热心社区公益[④]。

---

①　黄健元，骆旭峰. 闽南农村宗族互助养老：内在基因、现实困境及功能发挥[J]. 长白学刊，2022(3)：120－129.

②　陈寒非，高其才. 乡规民约在乡村治理中的积极作用实证研究[J]. 清华法学，2018(1)：62－88.

③　孙菲. 以"情""动"人：社区微更新中的情感安排与行动逻辑[J]. 学习与探索，2022(3).

④　YD 社区年度工作总结材料。

　　李永杰于 2001 年入党，是一名老党员，2010 年退休后，连续 22 年热心于社区公益事业。2021 年冬，YD 社区辖区内的 80、82 号楼有 120 多户居民存在入冬取暖问题，一直到 10 月份下旬还未解决，李永杰意识到这是一个关乎居民基本生活的问题，如不能及时得到解决，很可能会使矛盾激化，造成更大的纠纷。于是李永杰及时深入每一户居民家中，耐心认真地了解产生问题的根本原因，并且把居民们的要求和意见都一一地记录下来，回去后详细地整理出来，在与供暖部门反复协调后，逐条解决，终于使这 120 多户居民在冬天到来之前供暖问题得到解决。"精诚所至，金石为开"，李永杰以其认真负责的工作态度和耐心细致的调解方法化解了矛盾，维护了社区的稳定和谐。多年来，无论是入冬取暖纠纷，还是邻里矛盾纠纷，李永杰始终做到认真履行职责，坚持严格调解与灵活处理相结合，努力做到小事不扩大，大事不激化，力争给每个当事人一个公正公平的说法和交代。

　　中国传统社会中非正式制度带有鲜明的乡土性和地域性，同时因长期奉儒家思想为主流意识形态，因而表现出了重血缘伦理、重礼俗规范的特征。非正式制度如此强大以至于传统国家在社会治理中出现了"双轨"结构，基层社会与政权体系在运作上遵循的逻辑和特征差异极大，甚至在当今社会仍有诸多因素在发挥作用，但其中的重人情、乡土性等特点与现代社会的法治精神和公平正义观存在着冲突。有鉴于此，在新时期基层社会治理体系现代化过程中，非正式制度一方面是需要发掘的治理禀赋，另一方面也应注意带动引领传统非正式制度完成现代转型，通过提高社会认同、增强社会互动、重塑公共精神等方式，使之能克服时代局限、文化惯性等方面的负面效应，与现代社会精神相协调，尤其是与正式制度一起更好地发挥恰适性作用，共同推动重层结构中的社会治理水平的提升。

第六章　重层结构中的社区社会资本

当前，随着社会治理现代化的推进与创新，城市社区重层结构深受国家、社会、市场的多重影响和约束。党的二十大报告指出，"要完善社会治理体系，健全共建共治共享的社会治理制度，提升社会治理效能……要完善网格化管理、精细化服务、信息化支撑的基层治理平台，加快推进市域社会治理现代化。"基于此，如欲在社会治理领域推进现代化制度建设，则必须有效协调基层政府、社区、社会组织与居民之间的关系。但随着当前城市化的加速推进和城市间快速的人口流动，社区居民之间的感情交流逐步弱化，诸多城市社区出现了较为明显的原子化状态，从而使得维系社区共同体联结的社区凝聚和社会合作的价值理念在实践中走向困境。这一困境实质上表现为社区层面基于信任、互惠、凝聚力和社会网络的耗散，而这正是社区社会资本衰减的主要表现。因此，社区层面社会资本的丰厚程度和变迁方向不仅对社会治理效能起到了重要的制约作用，同时社区社会资本的特质也揭示了基层政府与社区之间的赋权模式与互动样态，进而形塑着国家与社会之间重层结构的彼此边界和实践走向。因此，从各个时期的"单位制度"出发，揭示单位制度在其强化和转圜背景下社区社会资本的生成来源和变迁路向，进而明晰新时代"后单位社区"社会资本对治理创新的作用和培育路径，是打造新型社区重层结构的关键。

第一节 "单位社区"的独特样态与治理困境

步入新时期以来，随着我国城市产业结构改革进程步入深水区和经济增长进入新常态，加之单位体制改革全面推进，使得城市基层社区的结构样态和重层结构产生了较为明显的变动趋向。尤其是深受制度主义历史影响的工业型城市社区更是呈现出与单位制度协变的独特进程，资源枯竭和单位体制的消解，直接导致了这类城市原本依托的单位社区面临基础设施废弛与运营困难、社区空间萎缩、社区动员和参与弱化、社会资本耗散等问题，极大地制约了基层社会治理创新目标的实现。这就要求在市域社会治理创新的进程中要更多地关注以过疏和空心为特征的"后单位"社区类别，同时也要求在治理实践中调动多方资源，拓展多元的社区治理主体，协力构建起动员顺畅且公共服务高效便捷的社会事务管理格局。在此过程中，如何经由培育社区成员既有的以关系、参与、信任、互惠为特质的社会资本，提升社区治理创新的效能，成为破解收缩性城市社区治理困局的有效路径之一。

基于以上背景，应在研究中重点关照典型"单位社区"的治理过程与创新困境，呈现基于单位体制变迁和社会要素变动背景下城市社区重层结构的嬗变历程和创新路径。笔者认为，新时期以来社区治理创新的研究路径应该回归社区内部的结构化样态，在有效动员社区内部的网络资源、激发社区居民参与热情的基础上探索"单位社区"治理机制变迁过程中所内嵌的重层结构样态。以动员和提升社区居民的社会资本存量来促进社区治理的精细化，推进基层治理资源下沉和社区内部要素的有机结合，最终实现"单位社区"治理效能的提升和社会重层结构的现代化重塑。

一、"单位社区"的独特性样态

目前，在城市单位制基本解体、市场经济加速发展、住房制度改革大体完成、城市化进程加速推进的背景下，部分基层社区受人口流失和产业空心的影响面临着由"收缩"所导致的社会解组风险。这不仅破坏了城市基层社会的结构稳定性，同时也在物理空间和社会空间变动中展现出独特的发展路径，最终引发部分城市社区严重的社会衰退和公共性危机。作为单位体制变迁和社区管理制度改革影响较深的地区，多数资源型城市和工业城市由于工业企业集中倒闭，部分矿产和林产等资源型产业渐次衰退，从而引发了依托单位组织的社区产生了社会空间萎缩的过疏化发展困境。学界一般将深受单位组织和单位制度影响，并在社区发展中高度依赖单位组织的物质资源和社会资本的社区称之为"单位型社区"，此类社区既包括目前仍然由单位组织直接影响管理的政府机关、事业单位和国有企业社区，也涵盖那些传统上由单位组织所同构的生产生活合一化，但现在已经逐步脱离了单位管理的社区，但这种独立后的社区在运作方式、居民构成、身份认同和资源供给上依旧显现出单位的制度特色，使得社区内部的治理主体在传统体制和市场化浪潮下建构起了一种独特化的运作逻辑。由于"单位社区"受特殊主义制度的作用影响，并在实践中与市域发展历史相嵌合，因此呈现出了与其他类型社区不同的独特化特质，主要体现在：第一，与单位组织关系较为密切。改革前的单位社区是生活、生产空间高度合一的共同体社区，改革后的单位社区在地理空间和社区成员构成上一般都与其所属的单位组织存在着较多的重叠，也与原单位存在着较强的情感连带。在市场化改革后的单位社区，原单位仍然在组织资源、社会资本、文化氛围等方面对社区治理施加了柔性影响，这与其他城市社区与驻区单位之间的基于合作的共建关系极为不同。第二，单位社区居民同质化程度较强。单位型社区具有典型的熟人社会的特征，单位制时期施行的家属工作制度和子女接班制度使得单位社区变成了融合血缘、业缘关系的紧密的共同体社会。虽然改革后也经过了社区成员的杂化过程，但与一般的居民高度异化的城市社区相比，依然具有熟人半熟人的特质。第三，社区建设资源供给的路径依赖性。即便划归地方管理的单位型社区也依旧在治理实践中依赖传统的单位资源进行动员，固然单位的解体使得社区发展赖以依存的物质资源供给难以持续，但是原单位的社会资本、组织影响力等无形资源依然成为社区动员和治理得以进行的动力源。

二、新时代"单位社区"治理创新的实践困境

由于社区是城市社会最基层的构成单元，其治理创新效能的水平是衡量城市社会治理现代化的重要标志。随着国企改革的基本完成和近年来不断推进的林业、矿产等资源型城市的转型发展，部分资源型城市与老工业基地城市在人口流失和社会发展不断空心化的背景下，原本内嵌于单位组织的社区也随之全面地推进了"社区化"改革。这一改革进程释放了基层社会发展的活力，也重塑了社区运作的基础性逻辑，使传统上依赖于单位组织进行社区管理与服务的治理结构面临着"再组织"的需求。受制于单位体制行政一体化制度的影响与制约，因此，在社会治理机制和社会整合模式彻底改革和重塑的过程中，部分单位社区难以有效适应现代社区体制，进而在社区治理过程中出现了诸如行政化取向明显、居民参与意愿低下和社区自治形式化的治理困境。吉登斯认为，社会的残余传统和共识是维系社会成员行动可预期性的重要来源。固然单位体制随着改革的深化不断式微，但"单位社区"居民的行为习惯和思维逻辑依旧是当前此类社区治理创新实践的过程中的阻滞性力量。

因此，笔者认为进一步推动单位型社区治理研究的方向应是详细厘清当前此类社区治理困境生发的逻辑，尤其应提供一种实证分析范式而非规范分析范式，将社区成员参与社区治理活动主动性弱化、社区自治组织稀缺、社区内部低度信任等现实因素做过程性研究，以此探析社区社会资本弱化与社区治理困境间的共变逻辑。由此，唯有回归社区居民参与社区治理实践的原点，通过制度建设和基于社区成员间的非正式规范约定，以协商谈判、资源互动、协作行动等手段提升社区居民对公共性活动的兴趣和热情，从而提升社区凝聚力、改进社区自组织能力、提升社区成员福利标准，以增强社区整体社会资本存量为途径达成社区居民"共建"公共资源、"共治"公共空间、"共享"治理成果的社区治理新格局。

第二节　社会资本介入社区重层结构：
本质意蕴与共变进路

新时代社会重层结构的核心要义在于重塑新型的社区建设与管理体制，变传统行政管控为多方共治，为社区治理引入新的参与主体，提升并培育社区公共资源。并以多样化形式和多元化主体参与社区行动，以新的社区动员机制重塑为取向，力促社区居民积极有效参与社区层面的公共事务。在此过程中协调和调动社区内外部的关系资源和社会资本，最终促使社区自治与自决状态的达成。

一、社区治理创新的内涵及特质

社区治理创新的研究是近年来政治学、社会学和公共管理等学科十分关注的研究主题，引发了学界对社会治理机制现代化的深刻反思。由于社区是城市社会最基层的治理单元，承载着诸多的社会服务与管理职能，使得社区治理创新的操作化实践就必须要有效促进各治理主体的协商和互动，并建构起包括基层政府、社区自治组织和社区居民间的合作参与新机制。当然，作为深植于特定历史背景和制度场域的行动实践，社区治理创新必须突破已有的治理模式框架，在新的治理理念的指导下开拓其实践领域、丰富其本质蕴含。

第一，社区治理创新的核心在于制度创新。社区治理创新的前提是创新现有的基层治理体制机制，用新型管理机制与动员手段力促社区居民参与公共性活动，并经由社区内外部网络寻求提升社区层面社会资本的途径，最终实现管理创新。欲厘清社区"共建、共治、共享"的创新内涵，则需先行深化对制度创新的认知，道格拉斯·C.诺思曾言："制度是一个社会的博弈规则，……它构造了人们在政治、社会或经济领域里交换的激励，其变迁决定了人类历史中的社会演化方式,因而是理解历史变迁的关键。"①这就表明当前社区治理创新的制度生发于传统的乡土社会运作机制②,融合了改革前纵向一体化的"单位"式街居制度,明晰于国家权力中心下移及其治理结构多主体参与的"社区建设"的大潮。此外,社区层面"共建"的动力来源于多元主体共同参与、平等协商、互利共赢的基层互动,而"共治"的目标则有赖于社区居民的积极参与。"共享"的前提源于转型期既存的"国家—市场—社会"的结构性分化,并在此基础上形成了一种社区居民间相互合作、平等协商、责任共担、利益共享的"合作中的伙伴关系"。而基于以上三个方面有机互促的社区治理创新效能的达成应该建基于社区居民普遍熟识、相互认同、彼此信任、合作友爱,具有普遍的认同感、归属感和共同体意识,实现自我组织、自我教育、自我管理的状态,这种状态的实现恰需社区居民在参与中所获得的社会资本的基础性支持,这为社区社会资本的培育路径指明了方向。

第二,社区治理创新是多元主体的参与进程。当前的社区治理实践是一个多元主体共同参与、平等协商、互利共赢的过程,也只有多元主体的参与才能形成新的治理方式③。现代治理理论强调协同参与,该理论认为任何单一的治理主体都难以有效达成管理目标,唯有通过国家、市场和社会组织之间多元互动主体的协作配合与协同参与方可实现治理过程中公共利益的最大化④。在单位体制下,国家通过对权力和资源的垄断,依托单位组织实现对城市基层社区的整合与控制。21世纪以来,随着市场经济的发展和政府职能的转变,社会日益分化,多元利益格局逐渐形成,具有不同利益诉求的社会阶层和利益相关者群体大量涌现,单一的主体无法再满足基于阶层化的个体和分化的社区而形成的多样化的需求。而在具体的实践层面,社区治理中的"政府失灵""市场失灵"和"志愿失灵"的现象却普遍存在。由此,为有效回应社会转型所造成的个体原子化倾向,应该加强对承担特殊功能和服务职能的社会组织的培育,以满足分化的社会群体的多元化需求,以便有效协调社区居民、

---

① 道格拉斯·C. 诺思. 制度、制度变迁与经济绩效[M]. 杭行,译. 上海:上海人民出版社,2008:3.

② 费孝通. 乡土中国[M]. 北京:北京大学出版社,2012:9.

③ 李汉林. 中国单位现象与城市社区的整合机制[J]. 社会学研究,1993(5).

④ 尹广文,崔月琴. 社会治理的系统论研究[J]. 社会建设,2015(3).

基层政府与社区自组织之间的关系，形成新型治理创新所需的各治理主体间协作共济、责任共担、权利共享和民主协商的新模式。

第三，新时期社区治理创新的目标是社区自治与自决。以善治为目标的社区治理活动必须强化内部的民主参与机制的构建，以此保障居民民主参与的权利，以此达到社区治理目标①。以善治为导向的治理原则主张社区治理的过程应该是在民众认同的基础上，通过多元主体共同的深度参与，以实现公共利益最大化，而其最终的目标导向则是社区进入一种自我管理、自我教育、自我服务的发展状态。在传统的社区治理体制下，社区建设仅表现为国家对基层社会治理手段的衍生品。社区治理创新就是要通过对旧有社区管理制度、既存体制和运行机制的调整与改革，打破国家对基层社区的一元化主导，引入和培育新的社区治理的参与主体，采用复合型的治理方式和手段，调动社区居民参与社区公共事务的热情，使其在参与合作、平等协商中实现自我成长和自我发展。有学者认为，社区自治的最大优势在于其以较低成本的资源投入实现了高效的体制创新，并起到了加强社区民主参与、提升居民政治融入的目标，达成了政府与基层社会关系的重构，因而在社区建设中具有更普遍的价值②。

二、社会资本介入城市社区治理的优势路径

1. 社会资本的内涵及特征

社会资本概念自 20 世纪 70 年代被提出以来，受到学界的普遍推崇，被认为是理解个体如何克服无序的群体行为和实现有序的合作互动以达到更高程度的经济绩效的核心基础③，成为讨论社区治理问题时较为贴切、有用的一种社会学理论。这一理论最早是由法国学者布迪厄所提出，主要是揭示社会组织内部所存在的以信任、规范和网络等为表征的隐形资本，认为这些特质

---

① 霍秀媚. 社区自治：我国社区治理的发展目标[J]. 广东行政学院学报，2006(5).
② 罗伯特·D. 帕特南. 使民主运转起来[M]. 王列，赖海榕，译. 南昌：江西人民出版社，2001：203－204.
③ A. 奥斯特罗姆. 流行的狂热抑或基本概念[M]// 曹荣湘. 走出囚徒困境：社会资本与制度分析. 上海：上海三联书店，2003：24.

更易于通过协作来提高组织的运行效率①。后续学者的研究揭示了社会资本的两个重要特征：首先，社会资本是由公民之间互动所建构起的基于信任、合作和互惠的价值体系，并在这一价值体系基础上形成了联结公民家庭、亲友和社区生活的关系网络结构。其次，社会资本体现为公民基于利益而采取的集体行动所形成的正式或非正式的规范与网络，这一源自信任和互惠的社会资本特征恰与基于居民协作共生的社区具有本源的同构性。毕竟，社区作为人群居住和生活的共同场所，其通过特定的场域结构，把不同利益诉求和功能性需求的群体整合在一个共同体形态之下。在其中，人们只有通过彼此的互动与沟通，建立相互的信任与合作关系，才能共同应对日常生活中的诸多问题和挑战。如果说社区是一个各色人等表演的舞台的话，那么社会资本就给人们提供着表演的道具和展示的场景。由此，欲实现社区治理创新，必须强化社区社会资本的培育，促进居民参与，以实现社区自治。

2. 社会资本介入城市"单位社区"治理的优势

社区治理创新的核心要义还体现于社区居民的有效参与以及社会资本的培育。良好的社区治理有赖于社区成员间相互信任、彼此熟悉、互相认同、相互合作而产生的社区归属感和认同感，以便形成具有地缘凝聚力的"共同体"社区，这种共同体意识易于形成目标相同的集体性行动，从而实现自我组织、自我教育、自我管理状态的达成，而这种状态的实现则需要社区居民在参与中所获得的社会资本的基础性支持②。传统的社区管理机制表现为政府主导下的纵向一元化管理，在此模式下的社区居民被统合进特定的行政化体制内，只有遵从和顺应，才能获得政府所掌控的垄断性资源，社会资本反倒成了人情关系社会里的一种特权。而在当前的社区治理的实践中，通过社区内外的社会资本培育，引入新的社会资本要素，发现既存的创新基础，在多元主体的共同参与中，实现社会资本的增值，进而推动社区的建设与发展。同时，社会资本又与社区居民的参与相辅相成，一方面，社会资本为居民的参与提供了坚实的基础和可供选择的平台，能吸引和激励居民投身于社区的公

---

① 罗伯特·D. 帕特南. 使民主运转起来[M]. 王列，赖海榕，译. 南昌：江西人民出版社，2001：100-104.
② 燕继荣. 社区治理与社会资本投资[J]. 天津社会科学，2010(3).

共性事务和社区服务的实践，另一方面也只有依赖社区居民对公共事务的有效参与方可实现社区层面社会资本的增值，从而推进社区建设与治理创新。

因此，社区内部丰富的社会资本存量将成为治理实践的支撑性力量，其对社区治理的促进作用主要表现为如下两点。第一，社会资本所特有的互惠网络为社区治理提供了信任基础。社区作为居民行动的共同体空间，表现为内部较为紧密的社会关系网络，以及由此建立起的高度亲和、熟悉和认同的归属感。美国学者普特南在《独自打保龄》一书中就提出，以道德和信任为基础的社会资本更有利于促动社区居民之间的自发性合作，从而提高公民间社会行动的质量。质言之，社区居民的互惠关系网络中所内蕴的信任与规范能一定程度上避免居民原子化的困境，以及社区公共事务低度参与的实践困局。第二，社会资本的关系网络能为社区治理提供所需资源。"单位社区"治理困境的产生核心是已经转型的单位社区在与其所依赖的单位组织相分离的过程中难以有效适应市场和社会，从而引发部分社区由于丧失了单位对其资源的供给而出现了公共服务危机。这一困局的实质是单位在基层社会的"退场"导致既有的合作机制解体，但社区多元主体的资源供给合作机制尚不明晰。由于"社会资本是一种体制化的关系网络，而这种体制化的关系网络又与一定组织和成员的社会身份相联系，获得这个身份，就能取得相应的物质的或象征性的利益"[1]。因此在社区治理进程中应该针对"单位社区"的实际需求，充分利用单位人原有的社会关系网络，在充分培育社区内部资源的前提下，挖掘其关系网络所连接的社区外部资源，以此来提高社区的公共服务供给能力。

第三节　社会资本缺失与社区治理困境：
基于 L 社区的个案研究

社区层面丰富的社会资本存量是社区治理的重要资源保障，也是促进多

---

① Pierre Bourdieu. "The Forms of Capital", in Richardson, J. G. Handbook of Theory and Research in the Sociology of Education [M]. New York: Greenwood Press. 1986: 248.

元主体合作的关键性力量。但是，当前部分"单位社区"早已与原单位组织相脱嵌，居民依托于原工作单位而承袭的社会资本随之锐减，加剧了社区治理的实践困境。为了弥合社区治理创新的制度诉求和新时期"单位社区"社会资本发展现状间的"堕距"，本节以典型的单位社区的S市L社区为例，研究单位型社区的社会资本衰减与治理创新实践之间的巨大张力，进而揭示两者之间的共变关系。

一、L社区治理困境的个案简介

本研究所选案例的L社区位于黑龙江省S市，作为典型的资源产业主导型城市，近年来S市资源产业步入衰退枯竭期，根据S市第七次人口普查，十年来该市人口减少25万余人，常住人口下降近20%。其中，中心城区常住人口下降31%。L社区位于该市西南部城市郊区，现有居民4 828户，社区居民约1.5万人，其中，少数民族人口217人，外来流动人口2 000多人。社区60岁及以上人口占比34.15%，其中65岁及以上人口占28.66%。居民主体为原S市矿机设备检修厂退休职工及其家属，该厂作为"典型单位制"企业始建于1959年，在转制前为国内大型矿机设备检修企业、"一五计划"重点工程配套企业。至20世纪末期，全厂共有全民所有制职工8 849人，另有各1 000余职工的集体企业两个。该厂由于长期经营不善，2003年经过政府批准申请破产倒闭，2010年该市借棚户区改造项目拆除了厂区所有的老旧宿舍楼和平房家属区建起了商品房社区。

L社区的案例遴选主要基于三大考量：①案例社区是否具有"单位社区"的代表性；②案例社区治理创新实践是否受居民社会资本的重要影响；③对案例社区进行实地研究是否具有可行性。本研究选取L社区作为案例，一方面是基于该社区作为单位社区转型的代表，随社区人口流失而呈现出十分明显的空心化和老龄化现象，同时在社区空间、治理主体、居民互动等层面产生了弱化和过疏的现象。另一方面，作为典型"单位社区"，L社区具有与同类型社区相似的治理困境和社会资本流失路向。最后，笔者受黑龙江省城乡规划设计院委托，全面参与了针对S市的城市空间规划编制与社区治理创新制度设计工作，获得了大量的一手资料，保障了研究的顺利进行。

作为"单位社区"的典型代表，L 社区呈现出单位社区的典型特征，包括人员逐渐杂化、住宅权属多元化和社区动员主体变化等特点。这些问题的产生一方面源于单位制的解体所致的治理主体和管理机制的变化，另一方面产生于城市和社区资源萎缩和社会要素的收缩对社区居民行动和关系网络所产生的结构性变化。这种变革对 L 社区的治理环境产生了如下影响：首先，使该社区居民从传统的"单位人"身份过渡至社会人身份，造成了依附于单位资源的社区居民社会资本的衰减。此外，单位型社区基于生产生活一体化所形成的集体意识和共同体情怀逐步式微。传统单位大院的职住一体的空间结构所形成的单位组织的共同体情怀与滕尼斯在《共同体与社会》中描述的传统社区的情感类型本质同构，都是一种"积极的生命状态、愉悦和痛苦的共享情感、共同拥有物品的共有享受，使个体……不但在分工而且在集体工作中的合作包围"①，这种共同体情感被滕尼斯认为是"在精神和目标的统一中的更高的、更有意识的合作，包括为共有的或共享的理想的努力奋斗"②。但改制后的 L 社区已经不再是经典意义上的居民同质化的"单位大院"，基于单位的集体生活与生产实践所培育的共同体精神随之消解，这极大地弱化了社区层面建基于信任的关系网络，从而引起了 L 社区社会资本的衰减和居民参与弱化的困局。再次，该社区治理资源表现出过度依赖行政投入的趋势，对基层政府的财政产生了较大的压力。新世纪之交的国企改革使单位组织逐步退出了"国家—社会"关系的整合框架，"在缺失了基层单位作为社会整合中介组织后，国家为了重新将权力渗透进基层社会不得不通过加强社区层面的行政管理重塑整合渠道。"③在实践上，这种趋势表现为国家通过不断强化市、区政府与社会关系来延展国家权力的治理空间，其结果就是改制后的"单位社区"更加强化了对街道办的资源依赖。由于改革后的 L 社区缺乏利用单位组织再分配国家资源的制度化渠道，使得国家为该社区投放的物质性资源只能依赖街道办和社区居委会的渠道扩展至普通居民。这在一定程度上造成了 L 社区在

①　斐迪南·滕尼斯. 共同体与社会——纯粹社会学的基本概念[M]. 林荣远，译. 北京：北京大学出版社，1999：147.

②　马克·戈特迪纳. 新城市社会学[M]. 黄怡，译. 上海：上海译文出版社，2018：66.

③　刘博，李梦莹. 社区动员与"后单位"社区公共性的重构[J]. 行政论坛，2019(2).

实际治理过程中着意凸显对上级政府意图的贯彻和落实，并力图完成政府对社区的各项评比考核来展示治理绩效，由此造成社区运作过程陷入"假性繁荣"和"展示性治理"的怪圈。

二、社区治理困境与社会资本萎缩的共变进路

L 社区转型后的治理历程展现出"单位社区"在社会整合方式变迁过程中对既有社区网络的重要影响，而该社区成员也由于"单位人"身份的消解在微观层面弱化了社区团结的力量。因而，通过回溯影响社区治理环境的关系与资源网络的机制性变动历程，并同时关注个人关系网络对社区整体层面社会资本的多重影响，以便在把握两者关系的前提下明晰社区治理创新的阻滞性要素是深化此类社区治理创新的核心要义。

(1)"规范"缺失与治理机制失序。社会资本理论的"规范"主要指对个体产生正式制度制约和非正式文化习惯影响的各类规则，包括成文的法律规章制度和非正式的伦理道德传统。而对社区治理而言，"规范"场域主要是由宏观层面的治理机制和微观层面的治理传统所构成，两个方面的资源也构成了社区层面社会资本的重要构成。L 社区经历了单位制变迁和社区制改革带来的制度性"规范"资本的剧变，其变化的路径是从改革前单位内部纵向行政化管理体制到市场化时期多元治理主体机制。由于单位组织所内具的全能主义特质，彼时单位社区内部的住房、卫生、教育等公共服务也均由所隶属的单位负责。此外，以 1954 年颁布的《城市居民委员会组织条例》为依托，L 社区还兼具管理单位体制之外的城市社会成员的职责。因此，以单位组织为主线，以群众性自治的城市居民委员会为辅助，L 社区逐步确立起了具有行政化和全息性功能的制度"规范"资源。但随着单位体制改革的完成，全能主义的单位组织逐渐向社会让渡原有的社会职能，导致了该社区基于单位体制护佑的"规范"性资源的消解。而作为群众自组织的居委会在运行机制、制度建制和运行程序等方面与市场化后的现代社区体制的要求依旧存有较大的差距，在实践领域也并未真正发挥"规范"层面上的自治功能，从而影响了 L 社区社会资本的延续和增值。与制度性的"规范"相同，在文化伦理和治理传统层面，L 社区也经历了较为明显的"规范"变动。由于改革前的 L 社区所依托的单位组

织是一个产、住合一的空间体系，其所构成的熟人化社区构成了福山所言的"文化团体，它们不是根据明显的法规、律令来制约，而是经由一套团体中每个成员内化的伦理习惯和相互约束的道德义务所凝聚而成"①。而转型后的 L 社区由于房屋权属多元化和流动人口的增多，使得由熟人社会所内生的高度凝聚化的社区意识逐步式微，由单位社区内部亲缘和业缘所形成的社会资本也随之消散，现代社会以互惠、信任和契约为联结的社会资本在转型期的 L 社区则远未建立，从而导致这一"单位社区"非制度性的"规范"资本的缺失。进而形成此类社区在体制转轨和机制变迁过程中治理制度的失序和反向运动，形成与现代城市社区治理机制的典型张力。

　　(2)"网络"缺失与治理主体分割。当前我国城市社区的治理主体主要包括：城市街道办事处和街道党工委为代表的基层组织、自治化的居民委员会、社区内部的自组织(例如各类社区中介组织、趣缘性组织、非营利性组织等)、原社区所隶属的单位组织等，而高效的治理状态更是内嵌于由各治理主体所构成的"网络"状治理结构体系之中。但 L 社区的治理实际表明，作为单位制变革与市场化冲击下的基层社区，其治理"网络"结构体系中各方的资源调动能力也存在极大的差异。在社区所隶属的单位组织退出社区基本公共服务承载者角色之后，基层政府以其所掌握的巨大物质资源和治理权威成了这一治理主体网络的核心，这往往使得居民自治性的居委会难以成为社区公共服务和基层动员的有效平台，而是以街道办的延伸机构和助手的角色参与社区实际的治理实践。反观 L 社区内部的自组织，可以发现与多数"单位社区"一致，其内部的中介性社区组织发展依旧仅止步于以合唱团或健身协会为代表的少数趣缘性组织，以社区公益服务和公共活动为旨趣的中介组织不仅空白和欠缺，且均未形成能独立运作的机制与环境。在社区内部的非营利组织方面，该社区仅有业委会一个权威型组织，另外还存续一个主要以应对上级检查而设立但日常活动不足的环保类公益组织。因此，原本可以借助社区层面非营利组织平台来促进社区居民交往与信任的互惠行动在现实中缺乏实现的可能，

---

①　弗朗西斯·福山. 信任——社会道德与繁荣的创造[M]. 李宛蓉，译. 呼和浩特：远方出版社，1998：14.

基于此,L 社区在治理中面临着社区凝聚力弱化和社区动员不畅的困境,更加剧了维系和聚集社区层面社会资本的难度。在此情境下,L 社区在单位组织从社区治理"退场"之后,政府及其派出机构实际上成了治理"网络"中的单级主体,其他治理主体由于网络缺失而处于相互分割的状态,缺乏有机互动,从而进一步削弱了该社区社会资本的培育与扩充。

(3)"参与"异化与治理动力式微。社区居民能够频繁且顺畅地"参与"社区公共事务与活动既是社会资本培育增值的重要来源,也是良好高效社区治理的必备基础。在实践上缺乏居民有效参与的社区治理只能被视为行政权力主导下基层社会管理的翻版,从而表现出刚性的行政管控而缺乏内生凝聚力的社区共同体意识。L 社区的参与实践表明,受制于 S 市严重的人口流失和社会收缩现实,L 社区中青年居民占比急剧降低,多数社区组织均缺乏中青年成员。少数社区年轻居民也是被动式参与社区活动,主要是为了协助社区应对上级行政部门的检查,从而将参与实践异化为"向上寻求资源的手段",形成了形式化特色明显的"展示性治理"①。而 L 社区内部"参与"意识较强的居民主要是原单位退休的职工,这类居民由于单位组织的破产和自身退出工作岗位,其原有的凝聚于"单位人"身份的社会资本也随之消散,难以满足社区治理创新所需的物质资源与权威关系。另外,从该社区居民参与社区活动的目标来看,积极参与社区活动的居民主要是为了满足社区应对各级部门和上级机构所组织的各类评比,真正体现社区居民意愿且提升社区公益水平的参与活动十分缺乏,使得 L 社区的参与实践难以成为推动社会资本发育的有效载体。造成 L 社区居民"参与"行动异化的制度根源在于单位体制的消解和市域社会资源的凋敝使得原本依附于单位组织的高效社区动员体系失效,而社区层面又不能建立起在市场化背景下满足居民自身意愿和多元需求的基层服务供给能力,受制于"国家—单位—个人"的纵向动员链条随单位消解后又难以形成基于居民利益的新的动员体系,最终使 L 社区治理创新活动缺乏基础性活力。

---

① 田毅鹏,张帆. 新时期基层社区"展示性治理"的生成及运作[J]. 学习与探索,2016(9).

第四节　培育社会资本，推进社区自治：
实现社区治理创新的必由之路

党的二十大报告提出要进一步健全社会治理体系，健全"共建、共治、共享"的社会治理制度。在这一目标指导下的"单位社区"治理创新应在充分借鉴已有的以机制重构为视角的研究基础上，将视域集中于社区环境和参与主体在互动实践的"过程"中所形塑的"新制度"空间。这一新制度是以社区的"民主自治"为核心，以社区居民有效参与为目标，将政府主导的治理创新转变为社区建设所需的自发动力。以制度主义的社会资本理论视之，这一过程意味着需要在社区层面构筑起一种融自我管理于服务、自我组织于发展的可持续社区运行机制，并提升社区居民间的信任、互惠、合作与共识水平，推动社区层面集体认同感和共同体情怀的生发。为此，应通过以下途径真正实现基层社区社会资本提升，助推社区治理创新实践的探索。

一、创新制度体制设计，提升社区治理的自组织能力

新制度主义理论认为制度体制设计应该是一种基于社会群体经由互动而形成的规范体系，这一体系以稳定化的形式体现了社会群体的相对偏好和组织化的行为选择①。制度体制设计重构在社区内部提升社会资本的推进策略在于构建新型社区信任机制，以此来推进社区内部互惠互利关系的维系，将分散化的社区各参与主体资源加以凝聚以促进居民有效参与社区公共事务。新型社区信任机制的设计有助于形成关系密切、互动频繁的社区社会关系网络，同时为居民提供社区"共同体"意识所必需的守望相助、互相关心、权益共享、风险共担的精神资源。通过制度设计使社区成员能从参与社区公共事务的行动中收获鼓励、认可与理解，进而激发起更具凝聚力的社区公共性行动，丰

---

① James G. March, Johan P. Olsen. Rediscovering Institutions [M]. New York: The Free Press, 1989: 53.

富社区社会资本存量，使原本旨在提升社区社会资本的制度设计通过实践操作成为具有"反向动力"的制度背书。要实现具备提升社区社会资本能力的治理创新制度设计不仅需要革新既有的基层社会管理体制，更需在社区行动中形成新的治理动能，其具体做法体现为：首先，改革现有的社区治理机制，变单级治理为多元参与共治的治理模式，并在社区治理实践中引入市场机制，以社会组织承接"政府购买服务"的方式来实现项目制治理，以此来转变长期以来社区单纯依赖政府供给治理资源的现状，促进社区资源的多方支持机制的建立，加强社区公共事务的参与度。其次，进一步完善政府社区管理职能，变传统社区管理的主导者为社区公共服务的提供者，基层政府要通过搭建多方力量共同参与社区公共事务平台的手段，以多方治理主体协商对话的形式实现对社区公共事务的管理。最后，创新社区治理制度体制设计的难点在于搭建起能满足社区自组织能力提升的新型社区管理机制和运行逻辑。新机制构建之途首要进路就在于基层政府下沉部分社会服务职能，通过授权式赋权的方式给予社区自组织以更大的活动空间，摆脱社区居民对公共行动的"弱参与"困境，真正实现社区治理创新的本质要求。

二、发展各类社会组织，促进社区治理多元主体参与

现代城市基层社会的治理已不再局限于政府单主体的治理，而是形成了由政府与诸多社会公共机构共担责任的治理结构，并基于多方的合作共管构建起自主性网络[①]。在社区治理创新实践中，社区组织承担了政府外公共机构参与社会服务的重要职能，以志愿组织、慈善组织、福利组织、趣缘活动组织为代表的社区组织是加强社区居民情感沟通与日常交流的重要中介。社区组织也是社区层面社会资本的重要载体，是达成社区治理创新的重要参与主体。著名社会学家普特南在其代表作《使民主运转起来》一书中指明，培育各类社会组织可以形成"一种合作的社会结构"，因为"从内部效应上看，社团培养了其成员合作和团结的习惯，培养了公共精神"[②]。这表明社区组织成了以

---

① 俞可平. 治理和善治引论[J]. 马克思主义与现实，1999(5).
② 罗伯特·D. 帕特南. 使民主运转起来[M]. 王列，赖海榕，译. 南昌：江西人民出版社，2001：100-104.

增进社区集体公益为目标的整体关系网络，这一关系网络在实现了资源动员和整合的基础上保有了社区成员的独立性与自主性，也增强了社区成员间的横向联系与互助行动。此外，由于城市国企改制所引发的单位解体，以社区成员异质化为标志，社区内部的利益需求、公共服务需要逐渐多元化，这就需要通过社区组织参与社区建设的方式不断回应日益多元化的社区需求，社会组织以其广泛性和专业化的服务能为社区提供更加多元且灵活的公共服务，将更多的专业化工作者通过社会组织的平台引入社区，在提升社区工作专业化程度的同时培育、更新社区整体的社会资本含量，其具体措施如下。首先，通过赋权提升社会组织参与社区治理的合法性。加强舆论宣传与引导，扩大社会组织在社区居民中的影响力与认可度，扫除社会组织在参与社区建设中的认可障碍。建立健全能促进社会组织健康发展的制度体系，依法保障社会组织合法参与社区治理的权利，并对其进行有效的准入审核和过程管理，保障社会组织合理有序地壮大发展。其次，针对个别社区具体的治理困境，应尝试以购买服务的方式引入专业化的社会组织，为社区居民提供有针对性的且自身难以提供的公共服务资源，专业化社会组织的引入同时有助于提升社区管理水平的科学性和制度环境的优化，协力推进社区治理创新效能的提升。最后，调动各方资源创建能有效激励居民参与社区公共活动的制度体系，让居民通过参与社会组织活动实现社区社会关系网络的"再凝聚"，提升社区社会资本并使之制度化，最终达成社区自治与自决目标的实现。

三、优化社区发展环境，丰富社区治理的社会关系网

作为一个集体选择的过程，社区治理旨在将社区内部各治理主体打造成利益攸关、互助博弈的多元社会关系网，并借用这一能充分动员社区各参与主体所属资源的关系网络为居民提供更加优质的公共性服务资源，有效保障社区建设的资源供给。普特南在详尽考察意大利社区发展历程的基础上，发现基层社会治理的绩效与社区内社会资本的存量密切相关，因此只有在社区内部打造一个让居民彼此相依的"你中有我，我中有你"的关系网络才能实现社区内部的结构性信任的建设目标，也才能实现具有荣辱与共情怀的社区共同体意识。欲破解以 L 社区为代表的"单位社区"的治理困境，就必须着力扩

容社区社会资本存量。首先,强化社区公共资源投入建设。改进社区基础设施,通过改扩建集体健身娱乐设施、建设公共社区广场、升级社区文艺活动中心等方式强化对社区公共资源的资金支持和人才保障,以此为社区社会关系网络的畅通运行提供必要的环境支持。其次,建立集体活动与社区关系网络的互促机制。利用社区内部互信程度较高的关系网络组织公共活动,通过开展形式多样的社区运动会、亲子趣味活动、邻里美食节和广场舞大赛等社区集体活动,促进居民之间基于频繁互动基础上的熟识与交流。同时在社区管理制度层面落实"一事一议",净化社区软环境和制度要素,规范停车、广场舞、卫生和社区治安的管理制度,通过打造社区内部自媒体平台和居民联席会议的方式凝聚社区居民的连带感,达成社区制度环境的优化目标。最后,强化社区居民的公共参与热情。可以通过增加社区公共活动的方式来强化居民对社区活动的参与热情和积极性,由此提升社区成员整体的公共精神和社会责任感,形成一个具有高度整合力的社区道德共同体,推动社区中观层面社会资本的整合与重塑。

四、培育居民公共精神,形成社区治理的共同体情怀

公共精神即居民在其社区共同体生活中,通过长期的对共同体公共事务的参与和管理,认同了其制度和规则,内化了其精神和价值,而展现出的一种道德取向和精神风貌。普特南也曾专门对"公共精神"进行过论述,认为公共精神主要体现在社会参与、社会团结、社会信任等领域,并认为社区共同体特质是对公共精神的体现。作为现代社会的一种基本美德,公共精神的发育程度决定了基层社会的治理绩效,也是社区自决能力和公共秩序的重要保障,更是实现社会和谐的重要思想基础[①]。在具体的社区治理实践中,唯有通过努力培育社区内部的公共精神,使社区居民形成一致性的共同体情怀,才能达到变革传统社区治理机制的目标。首先,加大社区治理实践中居民公共精神的舆论宣传及教化的力度,通过榜样树立、典型示范、规范约束和行为引导,在社区中营造一种居民间相互尊重、彼此关爱、互助信任的新型邻里

---

① 龙兴海. 大力培育公民的公共精神[N]. 光明日报,2007-08-28.

关系，提升社区整体的凝聚力水平和向心力程度，培育能生发社区公共精神的环境土壤。其次，发掘社区共同关注的公共性事务，促使社区居民在彼此沟通、相互合作的问题解决中，形成一种休戚相关、荣辱与共的依存关系，激发居民将公共理念转化为公共情感、公共意志和公共信念以及以公共利益为依归的公共生活态度和行为取向。最后，通过社区居民整体性参与，在社区居民的自治和自决实践中养成社区生活的共同体意识，将社区打造成具有情感连带的"生活共同体""社会共同体""文化共同体"和"精神共同体"。

　　社会资本与社区治理是一体两面，辩证统一的关系，二者之间存在着本质上的结构互赖和功能关联。社会资本水平的提升有助于提高治理创新所需的社区网络凝结度和制度规范环境，从而保障社区参与行动的范围与强度。同样，社会资本网络的有效构建和社区互信水平的提升也需经由社区治理创新提供必要的机制保障，良好的社区治理水平能为社区成员开展社区活动、社会组织参与社区公共服务、居民互惠规范网络的建立提供实践平台与制度场域，并通过多元手段促使两者的有机融合与实践互促，共同推进基于社会资本提升的社区治理实践创新，为"单位社区"治理提供具有探讨意义和实践价值的范本案例。

第七章　重层结构中的社区动员

党的二十大报告指出，要"建立共建共治共享的社会治理格局"，并且提出了提升社会治理的制度建设，增强治理水平的任务目标。社区作为城市社会最基层的运作单元，其治理效能的程度关乎基层社会的秩序和稳定。随着20世纪末期国有企业改革的深入推进，城市基层社区逐步从对单位组织的依附中脱嵌出来。这一脱嵌过程释放了社区发展的活力，也重塑了城市基层社会的运作逻辑，使传统上以单位为核心的社会利益格局和社区结构面临"再组织"的需要。这一需求尤以单位组织庞大且集中的老工业基地城市社会为迫切。由于这类城市产生了一大批从典型单位社区向现代社区体制转型的社区组织，使得既有的社会治理机制和利益联结形式难以适应新形势下的社会整合需要，从而在治理过程中出现了诸多的新问题与新矛盾。这种矛盾集中体现在"单位社区"的治理实践和转型过程之中，突出表现为治理过程的行政化取向、社区参与弱化和社区自治形式化等问题。因此，以提升城市社区治理精细化的目标来推进基层社会治理体系的现代化建设，就要针对各种类型社区的特质进行深入研究，分析其运行的基础逻辑和制度背景。对"单位社区"而言，当前治理进程的危机突出表现为动员机制式微背景下的参与弱化，从而陷入公共性发展的困境。此种实践困局是由于单位组织的消解使"单位人"的文化传统和行为习惯发生改变，造成脱嵌于单位体制的原子化个人，降低了社区内部守望相助的共同体情怀和集体认同。20世纪末期美国的社区主义（Communitarianism）运动曾提出，"必须以社区主义的视角来回应我们这个时代的道德、法律和基本的社会问题"①。因而，如欲有效揭示城市社会重层结构中的动员问题，还需将研究视域重新投至单位体制转换和变迁的进程之中，厘清在此过程中制度主义变化对社区治理和社区居民参与的实际影响，直面"单位社区"治理和动员的实际进程，探索新型动员的形式将国家下沉的资源与社区内部的要素相结合来促进社区治理精细化的转向，这既是社区主义视角的实践旨归，也是解读重层结构在社区运作逻辑过程中复杂性的应有之义。

第一节　社区动员的理论基础与实践困境

在社会重层结构与社区动员的关系维度之中，单位制度的变量是引至二者相互内嵌和彼此作用的关键，单位制是集政治授权、身份赋予、资源配置等功能于一身的改革前中国社会的基础性秩序体制，而单位社区恰是与单位组织相契合的融政治、经济、社会和生产功能于一体的单位成员生活共同体，也是国家进行资源集聚和政治动员的组织载体。自20世纪90年代全面推行市场化改革以来，传统意义上生产生活合一的"单位社区"逐步退出历史舞台。在单位体制逐步式微并退出社会治理舞台进程中，单位人也随着单位组织的消解回归其社会人的属性，而如何通过社区治理体制的构建和社区居民参与的拓展将"脱嵌"于单位体制的原子化个人再凝聚，经由社区支持网络的建构和社区守望相助的共同体情怀的认同降低，转型期"单位社区"成员的焦虑感和不稳定因素成为当前政府制度场域和学界理论场域研究的重点。这就要求充分调动基层社会资源、动员社区层面的多元主体共同参与社区的公共服务和社会事务管理，形成多元共治、良性互动的社区治理格局。但长期以来我国基层城市社区的居民参与意愿低下，社区动员效果有限的困境成为社区治理实践的顽疾，欲提升"单位社区"的治理水平必须破解社区动员有效性的困境②。

---

① Etzioni, Amitai. The new golden rule: Community and morality in a democratic society[M]. Basic Books, 1996: 4.

② 陈万灵. "社区参与"的微观机制研究[J]. 学术研究，2004(4).

一、社区动员的理论基础与研究路向

当前学界对社区参与问题的研究主要基于两个路向,其一为参与理论,主要强调公民意识的萌发可有效提升社区参与的意愿,近年来逐渐兴起的邻避抗争事件成为这一理论的现实佐证①。但诸多的邻避抗争事件往往同时体现出抗争活动的高烈度性与基层社区成员的低度动员和弱参与性融于一体的悖论现象。理论界从社区服务、利益分化、虚拟社区等角度对社区动员弱参与的动因开展了大量的研究,利用社会资本、制度主义和理性选择等理论分析转型期社区动员的参与困境和阻滞因素。其中尤以社会资本理论为重,这一类型的研究假定社区成员社会资本的丰裕程度是影响其社区公共事务参与和社区有效动员的决定性力量,因此可以通过扩大社区交往、培育社区信任感等途径增强社区居民的社会资本存量。这一理论视角在一定程度上揭示了社区动员的张力性存在,但社会资本本质上是基于西方社会基础上由公民之间互动过程所建立起的信任、合作和互惠相关的一系列价值观念所构成,并经由互动将公民生活中的家庭、亲友、社区和公共活动联结为一体的网络②。而21世纪以来的基层社区建设并未同以纵向权力管理为模式的传统"单位社区"彻底分离,既有的行政式社区管理机制在消解的过程中夹带着巨大的体制惯性,依旧影响着当前的社区治理进程。因此,以市场化为背景厘析转型期"后单位"社区动员机制的嬗变形式应成为理论界亟待关注的现实生长点。

学界对社区参与问题研究的第二个路向即是动员理论,与参与理论相对应,动员理论研究的思路质疑参与理论在中国社区研究的本土化适用性。该理论认为以西方社会为蓝本的参与方式并不适用于解释转型期新旧权力体制交织共生下的中国基层社区的动员困境,"中国式"社区动员与其说是居民出于对社区建设自发关心而进行的集体性行动,毋宁说是国家基层治理需要而进行的自上而下的纵向制度安排。在这一进程中居民的行动逻辑与基层政府的社会治理目标相互影响,由此展现出样态各异的动员形式与规模。相较于

---

① 何艳玲."邻避冲突"及其解决:基于一次城市集体抗争的分析[J].公共管理研究,2006(4):93-103.

② 涂晓芳,汪双凤.社会资本视阈下的社区居民参与研究[J].政治学研究,2008(3).

以社会资本强弱作为社区参与意愿核心要素的参与理论，以"群众参与"和"行政动员"为特质的动员样态更适合解释中国的本土经验。它是党在新民主主义革命时期萌发并成熟于"一五计划"年代的动员方式，这种以"政治动员"为要义并作为党的群众路线一部分的动员形式既是群众参与国家政权建设的主要模式，也是单位体制下"国家—单位—个人"纵向管理体制的行动化联结①。然而这种以垂直化行政权力为驱动力的动员模式在"后单位"时期社区建设的过程中遭遇了重大挑战，单位制时期以运动式、组织化动员为特征的高效动员手段主要建立在单位成员对基层单位的组织性依附基础上②，而单位制消解后的社区动员则由以单位组织化权力驱动转变为更依赖于社区中以人情、关系、面子等为表征的社会资源，并体现为高度依赖社区地方性权威和社区精英人物等非正式化的途径③。动员理论的研究取向表明，后单位时期的社区动员更多地借用了社区内部的社会性资源和"正式权力的非正式运作"④，形成了迥异于单位制时期的新的基层社区动员策略与技术。动员理论虽然为学界指明了更具本土化的解释框架，但是当前"后单位"时期社区动员的新路径依然未能带来可观的社区治理绩效，社区组织"动"而居民"不动"的实践悖论依然构成当前社区治理的困境。这呼吁理论界能对新时期社区动员的机制与困境给出自洽的理论解释，而这一解释路径更需回应在中国社会运作治理机制整体性变迁背景下社区建设与单位体制消解与返祖现象相互角力间的共变进路。

以动员理论视角入手，可以更贴近中国本土化制度体系约束下动员实践的多样性，也可获得对单位型社区转型建设过程全貌的把握和了解。以当前仍处于转型中的典型单位社区的动员实践为研究蓝本，关注在单位体制消解和路径依赖双重制度要素形塑下的社区动员何以可能，进而把握"后单位"社区转型变迁的独特性，获取更深层次理解制度变迁背景下单位社区的演进路

---

①　李猛，周飞舟，李康. 单位：制度化组织的内部机制[J]. 中国社会科学季刊，1996(16).

②　沃尔德. 共产党社会的新传统主义——中国工业中的工业环境和权力结构[M]. 龚小夏，译. 香港：牛津大学出版社，1996.

③　田毅鹏，康雯嘉. 单位社区精英的"资本"构成及其运作研究——以 C 市 H 社区为例[J]. 学习与探索，2017(11).

④　孙立平，郭于华. "软硬兼施"：正式权力非正式运作的过程分析——华北 B 镇定购粮收购的个案研究[M]//清华大学社会学系. 清华社会学评论(特辑). 厦门：鹭江出版社，2000：21—46.

径和未来社区治理创新的可能手段，成为更好理解中国社区重层结构的理论动力。而实践层面已为理论界准备了丰富且具有挑战性的图景，尤以近年来城市社区逐渐出现的各类抗争事件为主，即社区居民对可能影响该社区的环境安全、社区服务、治理方式产生对立情绪，进而出现组织化的集体性行动反对甚或是抗争活动。在这类活动中，基于大规模社区动员的行动产生了巨大的社会影响，由此也揭示出了新时期城市重层结构样态变动的趋势。这一趋势内生于以单位制度改革和变迁为中轴的基层社会权力结构的变化，也受动于基层政府、社区治理模式、社区居民参与机制协同互嵌的社区运行逻辑，最终由社会结构性压力和体制转型中利益冲突所致的偶发性事件所触发。在此背景下，理论研究所应关切的是，这类集体性的社区行动在单位制度消解背景下，其大规模的动员的驱动力量从何而来？当前社区动员的手段与方法是基于市场化条件下路径独立的新型公民运动还是单位体制动员模式的路径依赖？为有效揭示基于单位体制变革和社区制度建设背景下社区动员机制的嬗变路向和实际模式，则必须在全面分析单位体制要素对动员机制形塑的基础上，结合"后单位"时期单位体制退场后新的动员机制运行逻辑，考察具体的社区动员过程。进而呈现出动员机制变化、动员力量变动与单位体制组织化渠道之间的互构关系，以此作为理解城市社区重层结构新的实践复杂性的注解和背书。

二、社区居民原子化与"单位社区"动员的困境

作为市场化改革前中国城市社会的基础性运行逻辑，单位制的创建是为了构建起举国一致的纵向动员体系，以实现赶超发展和社会资源总量扩充的国家叙事。它依靠"国家—单位—个人"纵向的一体化的结构将城市居民整合进各类单位组织之中，从而完成了社会的基层重构和底层动员。西达·斯考切波曾指出，中国的大众动员型政党体制对结束自晚清以来的社会涣散和组织无力具有举足轻重的作用，这决定了中国的革命只能走一条密切党群关系、

建立广泛社会动员的道路。[①] 作为中国社会的总体性重建方案，单位制度的建立整合了城市基层社会的资源，也建立起了广泛而普遍的职住合一的"单位共同体"。这种集合了生产、生活、身份和认同于一体的单位共同体是改革前绝大多数城市居民的行动空间，"将中央政权的权限和影响拓展到了史无前例的范围"[②]，并利用单位内部的工会、妇联、共青团和宣传部等机构来完成意识形态的形塑和生产动员的达成。从这个意义上来说，这种居民动员的方式一方面建基于单位体制这一纵向贯通的体制模式，另一方面也是国家政治动员的实践表征。其目的是通过动员达成一种公共共识，汇聚单位内部的能量，推动单位社区社会整合功能的实现。此种国家主导、单位落实的全能主义的社会动员既是单位进行生产与整合的保障，也是国家意志在基层加以凝聚的"建构"手段。而市场化改革和社区制推行过程中的意外后果则在制度上削弱了社区居民与单位组织之间的组织联系，也在心理层面弱化了守望相助的社区共同体情怀，从而造成了社区居民原子化状态和社区动员力量的式微。这种变化体现在以下几个方面。

首先，"地点社会"的消解，弱化了"单位社区"的情感连带。在单位体制形成和稳固化时期，"单位共同体"是城市基层社会治理和运行的基本单元，各类单位组织所形成的单位社区展现出改革前中国城市社会独特的"地点社会"景观。所谓"地点社会"，在奥罗姆和陈向明的研究中是定义人类生存状态的重要概念之一。它揭示了地点与个人认同感之间的关系，强调地点对形塑社区感和个体时间感的关键作用，并且主要关注个人在特定地点内的主观体验。[③] 由于单位社区是国家纵向管理的中介组织，职住一体所形成的共同体情感连带使得居民易于形成更强烈的生于斯长于斯的熟悉感、舒适感和安全感，这种由地点的体验而形成的主观感受更是被单位体制的制度化机制和柔性的非制度要素所稳定化。但市场化的改革迅速地打破了高度稳定和同一化的单位共同体，由"地点社会"所形成的社区内部的一体化架构被逐步分解为政府、

---

①　西达·斯考切波. 国家与社会革命：对法国、俄国和中国的比较分析[M]. 何俊志，王学东，译. 上海：上海世纪出版集团，2007：315.

②　邹谠. 二十世纪中国政治——从宏观历史与微观行动角度看[M]. 香港：牛津大学出版社，1994：69.

③　奥罗姆，陈向明. 城市的世界[M]. 曾茂娟，任远，译. 上海：上海人民出版社，2005：16.

市场与社会的分立状态。并且伴随着单位组织的大规模消解与搬迁，固定化的"地点社会"熟悉感逐渐被"陌生人社会"所取代。"地点社会"的消解对单位社区治理的影响不仅表现在瓦解了单位人的共同体情感连带，弱化了动员过程中所依赖的公共意识和居民互信，同时也在制度上切断了"国家—单位—个人"之间的纵向动员链条，使内嵌于单位社区地点空间的居民脱嵌于单位组织的管理和服务，最终动摇了单位社区动员的空间基础。

其次，单位社区"原子化"状态萌发，疏离了居民的互信关系网络。随着单位社区与所属的单位组织不断脱嵌，"后单位"社区居民基于共同体情感所衍生的高度互信的关系网络也不断式微。从社会变迁的视角来看，原子化状态往往产生于社会秩序剧烈变动、原有社会组织和共同体解组之际。就如卢梭在论述法国大革命后欧洲社会中间组织解体时所阐述的，社会的"自然人"状态在社会契约论下走向了"最极端的个人主义"[1]。在社会思想史学家尼斯贝特看来，法国大革命取消了国家与个人之间的"中间者"环节，而变成了"国家—个人"的两级结构，最终由于个人与作为"联结者"的各种组织关系的斩断而成了原子化的个人[2]。事实上，于中国社区的本土场域而言，单位社区在计划体制下一直承担着国家与城市居民之间的中间组织，以"国家—单位—个人"的链条完成国家意志的下沉和社会资源的再分配。但从 20 世纪 90 年代国有企业市场化和产权改革开始，一些大型单位社区内部开始出现了居民原子化动向，随着单位组织的消解和下岗浪潮的冲击，"单位社区"居民逐步脱离了单位组织的庇护和归属，成了彻底从组织中分离的原子化个体。可见，单位制度变迁背景下的社会原子化是以切断"国家"与"个人"之间的组织联系为表现，以动摇居民与社区之间的组织化渠道为结果，以弱化社区对居民的"一致性"意识形态动员能力为困境。

最后，单位组织从社区治理"退场"，基层动员信息通路阻断。固然，当前在国家、市场、社会不断发育和分离的背景下，原本由单位组织所承担的社区治理和社会服务职责在不断剥离。而市场化改革后的单位组织进一步强

---

① 卢梭. 论人类不平等的起源[M]. 李常山，译. 北京：商务印书馆，1962：115-136.

② Robert A. Nisbet，"the French Revolution and the Rise of Sociology in France" the American Journal of Sociology，Vol. 49，No. 2，(Sep.，1943)，pp. 156-164.

化了自身的生产专业职能，在为单位社区居民提供社会服务和管理职能方面则不断弱化自身的功能。正如英国思想家梅因在《古代法》中所言，"现代"社会的一大表征就是不断从"身份"走向"契约"。改革背景下的单位组织作为市场经济中的独立"厂商"，效益最大化的追求触动单位逐步摆脱基于"身份"属性而对其成员所赋予的全息性保障，按照"契约"的厂商角色也要求单位从全能主义的状态中"退场"。这一"退场"过程表现在单位对社区服务的终结，但实则是单位成员由复合性的身份向经济性身份的转变，这种变化一方面使单位以身份赋权为依托对社区成员进行有效动员通道的瓦解，另一方面也打破了居民对单位资源再分配权力的物质依赖和精神归宿。因此，作为向上连接国家政治与发展目标，向下统合社区居民公共生活、身份授权、社会互动的单位动员通路在改革后的式微，也进一步造成了"退场"后单位社区动员的困境和治理危机的产生。

　　基于此，可以发现随着单位社会的消解和市场化改革的冲击，原属于单位制辅线调控系统的"街居制"已不能有效地承接居民的生活服务需求和情感归属，而在"社区制"管理模式变革下的"单位社区"无论在物质资源再分配能力上，还是在行政授权和身份赋予能力上均无法有效完成自上而下的社区动员和居民参与。因此，处于转型期的城市"单位社区"所遭遇的动员危机主要表现在：其一，社区组织化程度弱化，缺乏大规模动员社区居民参与社区公共行动的行政手段和组织通路。单位组织作为中国赶超现代化取向下的组织设计，天然具有理性主义和科学主义的治理结构，通过严格的权力结构再分配、明确的岗位责任、完善的协作系统来落实对单位成员的组织动员和工作安排。但这种科层化的组织力量在"后单位"时期已极大弱化，在一定程度上造成了基层社区动员的困境。其二，社区情感共同体消解，以精神感召和群众运动为基础的社区动员方式难以为继。由于"单位社区"打破了长期以来由职住一体所形成的社区居民之间的共同体情感，因此依托于单位体制下周期性的群众运动和运动式治理来运作的动员实践难以奏效，因为这种运动性动员高度依托于社区成员所共享的理念和价值。因而，传统的群众动员的模式已不再完全适用基于利益共同体而维系的社区制改革后的社区成员，大规模的社区动员的完成难度极大增加。固然，随着单位社会的终结，单位社区原有的动员模式也随之式微，但传统的社会运作逻辑在消解过程中所内生的制度惯性依旧深刻地影响着"单位社区"的动员方式与行动。因此，在市场化和基层社区转型背景下的单位社区，如何在新时期于传统治理习惯和新兴治理状态下构建起新的动员路径，是需要在实践中加以深化研究的路向之一。

第二节 后单位时期社区动员的典型样态

由于社区是连接政府与基层公众的基础性力量，因此社区层面社会动员体系的模式样态深刻地体现出了基层社区参与的特征。按照上文的研究逻辑，可以发现当前基层社区居民参与和动员机制的重塑深受国家与社会关系边界变动的影响，体现为社区重层结构在实践中运行逻辑的复杂性，也深受单位体制在社区组织中的动员体系与机制消解的影响，共同形成了当前社区居民基于原子化动向的动员困境。但在实践中，由于"单位社区"在共同体意识和单位组织社会资本禀赋领域的延续性和路径依赖性，与城市其他异质性居民群体的社区相较，此类社区的动员样态呈现出强动员力与弱参与性之间的悖论性组合，既表现为单位制度在动员活动中的"隐形在场"所引发的高凝聚力，也表现为单位动员体系消解给社区居民所带来的弱参与性。为了在理论上澄清单位制度变迁对社区动员机制的影响，本研究选取了东北地区某典型单位社区 L 社区为个案，详细呈现该社区所经历的某次集体性动员事件，考察在 L 社区典型动员行动中各阶段单位制度和社区管理机制变迁对动员话语体系、动员力量维系、动员精英挖掘等层面的直接作用，以此作为详析新时期中国基层社区动员模式样态变动的实践注解。

一、社区动员的典型样态：L 社区集体行动回顾

1. L 社区集体动员行动场域分析

本研究所选案例的 L 社区位于东北某老工业城市 H 市西南部城市郊区，现有居民 4 828 户，社区居民约 1.5 万人，其中，少数民族人口 217 人，外来流动人口 2 000 多人。居民主体为原 H 市车辆检修设备制造厂退休职工及其家

属，该厂作为"典型单位制"企业始建于 1959 年，在转制前为国内大型汽修设备制造基地、"一五计划"重点工程配套企业。至 20 世纪末期，全厂共有全民所有制职工 8 849 人，另有各 1 000 余职工的集体企业两个。该厂在计划经济时期属于封闭式厂区，自建厂初期即开始兴建职工家属区，其家属区包括建于 20 世纪 60 年代的 13 栋楼房和 80 年代初期的 22 栋家属楼。限于 80 年代后期企业生产陷于困顿且难以满足职工住宅的建设分配，由于该厂地处城市郊区之便，因而在厂区周围约 1.2 平方千米的范围内形成了由厂方提供建材和资金补贴的职工自建的 310 余栋砖瓦结构平房宿舍区。该厂由于长期经营不善，2003 年经过政府批准申请破产倒闭，2005 年市政府借棚户区改造项目拆除了厂区所有的老旧宿舍楼和平房家属区建起了商品房社区。结合 L 社区的构成要素分析，L 社区居民具有近地域性、人员同质化（主要是厂区退休职工及其家属）和混合性（厂区家属、外来租户、购买商品房的市民等）三大特征。值得注意的是，L 社区的邻避型集体动员行动发生于相对特殊的时期：一方面，L 社区已基本完成原业主回购搬迁和新购房居民的入住，使得传统单位社区的异质性增强，提升了社区层面集体动员的难度。另一方面，由于 L 社区在工厂破产后原有的社区居委会被拆解，新建商品房社区的居委会刚刚成立，制度化管理渠道的缺位致使邻避行动爆发于"空窗期"，加剧了社区动员矛盾化解的难度。

2. 集体动员行动过程

2009 年年初，由 S 房地产开发公司负责棚户区改造建设的 L 社区第二期楼盘交房入住。根据 1999—2010 年的《H 市总体规划》的要求，L 社区所在的区域自 2005 年起变成为该市拟建设新城区总体规划的一部分。因此，为满足 L 社区及附近新城区居民未来的生活需求，拟在 L 社区边缘建设一个大型的垃圾转运站。这一垃圾转运站建设项目是市政规划部门批准建设的新城区大型民生配套工程之一，已完成相关调研、听证和环评手续等步骤。该垃圾站于 2010 年 4 月开始建设，预计工期一年半，与 L 社区外墙仅设置了一道 25 米的绿化带。在垃圾站建设之前，L 社区居民并不知晓政府的这一规划，在拆迁回购和商品房销售时开发商也没有告知居民这一设施的存在，这种信息不对称的现实成为后期 L 社区大规模邻避抗争行动的理由之一。

2010 年 4 月，垃圾转运站开始正式兴建，L 社区居民通过工程展示牌和施工人员口中知晓了此事。由于商品房销售晚于对汽修设备厂家属的拆迁回购，彼时社区居民几乎全部为原厂区的退休、下岗职工及其家属。与此同时，已经拿到产权证的 L 社区原居民为了维护社区环境免受垃圾站的侵扰，避免因转运站设置降低自身房产未来的增值空间，开启了集体动员的抗争之路。在原居委会孙主任（汽修设备厂退休的劳资科科长）的动员和宣传下，L 社区居民首先以开发商未尽到如实告知为由在售楼处自发聚集，零散地展开了长达两周的阻挠销售和张贴标语的维权活动。但开发商拒不接见居民代表，孙主任和活动积极分子决定改变维权方向，组成社区"请愿团"向街道办施压，另外派代表去市信访局投诉。街道办和信访局领导为了平息 L 社区居民的抗议进行了大量的解释工作，向居民告知此项工程的合法性。政府部门的解释并未使社区居民满意，居民普遍认为作为利益攸关方，垃圾转运站规划设置时并没有任何征求该社区居民代表的程序，建成后对社区居民也没有任何的利益补偿，是不可接受的。在向政府部门申诉抗争没有取得预期成效的前提下，L 社区居民在数名抗争积极分子带领下开始动员 40 余名社区成员在垃圾站建设工地门前集体"散步"、张贴口号标语，甚至堵塞工地运输车辆进出。在这种情况下，街道办和区政府迅速派相关领导赶赴现场进行劝解。在劝解无效的前提下，驻地派出所带走了四名组织者进行传唤调查。这一举动直接促使第二天 300 余名社区成员前往驻地派出所"讨说法"，并且一度阻断派出所门前交通。"讨说法"的社区居民在当日下午三时已经超过 1 000 余人，变成了大规模的群体性事件，并且阻塞了派出所周边 3 条街道长达 5 个多小时。第二日一早，800 余居民又聚集在派出所门口要求警方释放此次维权积极分子，市政府相关领导和原汽修设备厂高层干部也赶赴现场调解冲突。但冲突加剧，使现场社区居民在与政府工作人员和原厂方领导交涉过程中情绪激动，并控诉厂方在破产买断时有意欺骗和压低工人的买断补偿款，这一控诉引发了现场大规模的群体情绪，维权人数迅速增加并失控。为了稳定局势，当晚政府工作人员表示该垃圾转运站暂时停建并改为市政公园，至此第一次抗争以社区成员抗争胜利告终。

至 2016 年，L 社区周边已经建成了十余个高档商品房楼盘和别墅楼盘，变成了 H 市中产阶级集中居住区域。在 2016 年 7 月，沉寂六年的工地又开始建设围挡，L 社区居民发现垃圾转运站重新启动了建设。为了再次迫使该项目停建，L 社区居民在当年孙主任的带领下再次前往街道办反映诉求。组织社区成员再次自发组织围堵工地，但是与六年前相比，L 社区居民动员难度大大增加，经过社区积极分子多方动员，连续三日在建设工地"蹲守"的居民始终没有超过 50 人。为此，孙主任为了强化抗争力量，分别开始动员周边社区的居民前来"声援"。经过多日的动员，周边社区居民也开展了形式多样的抗争行动，由于周边社区居民社会资源关系较为广泛，抗争手法扩展至请电视台记者采访、在报纸刊登专门文章、建设抗争公众号、在网络论坛中发布帖子等多种形式。在多方抗争的努力下，市政规划部门做出了重大妥协，大幅度缩小了垃圾站的规模，最终在街道办工作人员的劝解下第二次抗争以双方妥协方式结束。

二、单位制的"隐形在场"：集体行动的动员场域

在历经六年的 L 社区居民的邻避维权抗争行动中，参与行动的利益相关方构成了形塑两次活动性质、方向与规模的结构性力量，也共同构成了事件的行动者。主要包括 L 社区地产开发商、基层政府、社区积极分子及其追随者。笔者认为，行动的各方都是基于"成本—收益"最大化前提下的理性行动，但行动空间依然未能完全摆脱单位制的制度框架和行为习惯。同时，单位制形塑的制度和文化场域成为各方行动者行动策略的出发点，并被嵌入进"国家—社会—市场"这个更为宏观的制度结构中，共同构成了 L 社区集体行动的动员场域。

1. 强势的开发商

地产开发商作为市场化改革后独立的市场主体，主要受制于国家法律、商业政策制度的约束，但是在 L 社区的集体行动中却成了社区集体动员后第一个被"攻击"的对象。究其根源，表象是居民借开发商房屋销售时未尽到信息告知义务的"擦边球"行为而进行的维权行动，实则开发商在处理该行动中的强势表现是延续了单位制下国有企业惯性优势的一种现实逻辑。作为大型国企的下属企业，该开发商隶属于 H 市支柱企业电机集团，这一产权隶属使

得开发商在一定程度上与作为独立厂商的市场主体有所不同。因为在传统单位制下，企业是作为旨在扩充社会资源总量的基层组织并作为国家实现统治的中介环节，国家通过基层单位获得对社会成员政治、经济、身份和意识形态的整合与管理①。因而，单位组织本身成了国家政治和经济体制的微观构成，成了匈牙利经济学家科尔奈所称的在国家"父爱主义"关照下得以永生的企业②。而市场化后的国家与国有企业的关系"开始由'命令—服从'关系，向以盈利能力为中心的契约性的'委托—代理'关系转化"③，企业部分获得了自身经营管理的自主权。但市场化后的国有企业依旧可以凭借与政府建立起的"委托—代理"关系实现经济资源对政治资源的交易，变化的只是双方以基于合作交易取代了典型单位制下僵化的行政控制。正是基于国企与政府的合作关系，开发商在处理 L 社区维权运动中的强势地位方可在制度层面寻回答案，这促使开发商因为与政府相对密切的关系从而在整个事件发展过程中走到了 L 社区居民的对立面。

2. 纠葛的基层政府

L 社区居民所展开的集体行动原本与管辖该社区的街道办无关，但当业主在信访行动未取得预期成果的前提下对开发商和建筑工地开展群体性维权时，以街道办为代表的基层政府首先以仲裁者的身份出现。但是以"仲裁者"身份出场的基层政府始终陷于利益和选择的纠葛之中，既需要从维稳目标出发对集体行动进行劝解和疏导，还需在此进程中与上级政府保持宣传和决策的一致性。L 社区抗争事件的本质是反对政府邻避设施选址规划的集体行动，而作为基层政府的街道办在处理集体行动时恰好处于解决社区居民意见诉求和满足上级政府维稳管制的双重制约下，有效解决社区居民的意见诉求则与维持政府权威稳定性的目标相悖，这决定了基层政府难以做到真正中立的"第三方"。这使得街道办在上级政府垂直行政管理的压力下并未协助 L 社区居民探究事件产生的根源并加以解决，而是"更加乐于恪守原有的政治性立场，而

---

① 李汉林. 中国单位社会——议论、思考与研究[M]. 北京：中国社会科学出版社，2014：14.
② 雅诺什·科尔奈. 社会主义体制[M]. 张安，译. 北京：中央编译出版社，2007：30—55.
③ 田毅鹏，刘博. 单位社会背景下公共性结构的形成及转换[J]. 山东社会科学，2016(6)：40—50.

不愿意做出法理性转向，也即是通过政治劝说、政治承诺和政治压制平息危险事态"①，这在一定程度上造成了后续行动的进一步激化。作为基层社会的直接管理主体，自 1954 年颁布《街道办事处组织条例》后街道办便对所辖居委会履行行政管理职能，由此成了典型单位制度下维系"国家—街居—个人"纵向管理体系的辅线制度安排。"尽管街居制处于单位体制的辅助地位，但街道办具有完整的行政组织结构……几乎涵盖了基层社会生活的所有方面，居委会虽然其组织化程度不高，但仍具有承接政府派出机构街道办分派任务的协动能力，从而实现了对属地基层社会的非单位人口全面的组织化管理"②，这使得街道办与居委会的关系构成了改革前中国社会的基础性秩序安排的重要构成。虽然单位制度在市场化浪潮冲击下愈益式微消解，但 L 社区居民对依托单位和基层政府解决自身的利益诉求已成为单位体制下的一种思维习惯，在单位组织解体后仍将街道办视为与工厂一样的生活"共同体"，希冀借由基层政府满足其在单位中得以终身受益的权益。

3. 离散抗争的社区居民

按上文单位制"隐形在场"的分析理路，L 社区居民自发动员而形成的集体行动的基础表面是由于社区成员地理空间的一致性而体现出的"社区"属性，但又迥异于那些"被动员"的"社区参与"。社区居民第一次集体行动所取得的巨大力量的动员基础并非基于"社区共同体"而展现出的守望相助的社区感，而是作为单位成员的情感连带和组织维系，这成为有效整合并迅速动员社区居民的重要纽带。考诸两次集体动员的效果可以发现，2011 年 L 社区二期入住之际尚未建立起社区组织机构，而第一次社区动员之所以能达成人员的广泛参与和行动的一致性主要有赖于孙主任这一社区精英人物的个人魅力和居民"以厂为家"的单位共同体意识。社区精英当前已成为国家对基层社会动员治理进程的重要中介环节，承担着将国家的基层代理人与社区成员连接起来的职责。而转型期单位型社区精英的生成机制内嵌于单位体制的转圜进程，

---

① 刘能. 当代中国转型社会中的集体行动：对过去三十年间三次集体行动浪潮的一个回顾[J]. 学海，2009(4)：146−152.

② 田毅鹏，薛文龙. "后单位社会"基层社会治理及运行机制研究[J]. 学术研究，2015(2)：48−55.

一方面此类社区精英曾在单位组织内占据一定组织资源和科层层级,另一方面也借助单位内部丰富的制度资源获取其个体的魅力型权威,这种卡里斯玛型权威成为"单位社区"动员其成员的重要非制度性资源。

三、单位制"退场":社区动员困境的制度基础

进入 21 世纪以来,与单位体制消解和社区建设勃兴相同步,中国城市社会的基础结构发生了重大变迁。恰如 19 世纪英国著名法学家梅因在其代表作《古代法》中所言,现代社会从本质上是一个从"身份"走向"契约"的社会。而中国告别身份社会进程的实质是以单位作为中介组织的国家权威和控制主体在社会领域渐次"退场",社会空间逐渐发育、社会自组织性获得强化、社区主体地位不断彰显的过程。在此过程中,传统上基于"国家—单位—个人"社会整合进路而建构起的单位动员模式遭遇了重大挑战,新兴社区的动员力量屠弱而难以满足基层社会治理所需。唯有厘清单位制退场后社区动员实践困境的制度基础,方能为基层社区治理创新找寻方向。

1. 社区动员的内卷化

"内卷化"(Involution)是人类学家吉尔茨在研究爪哇农业发展时提出的概念,原指某一特定的文化模式在达到一定的阶段时难以转化为另一种高级模式的现象。杜赞奇借用了"内卷化"的概念,指出近代中国国家政权建设是依靠复制旧有的国家与社会关系而非通过新增和扩展国家机构的方式来起到扩充政权控制力的目的[①]。近年来,部分国内学者在对居委会和社区组织的研究中也尝试引入了这一概念。笔者认为,当前"单位社区"的治理实践也陷入了社区动员内卷化的困境。"单位社区"动员内卷化的表现在于国家为提升基层社区治理效能而投入的资源被各社区参与主体互动机制的龃龉不畅所耗散,并未带来相应的社区动员能力提升和动员效率增强,多数社区居民的动员参与行动长期被压抑在低水平的层次难以改变。

笔者认为,欲理解当前社区动员内卷化的制度根源,必须将研究转向"国

[①] 杜赞奇. 文化、权力与国家:1900—1942 年的华北农村[M]. 王福明,译. 南京:江苏人民出版社,2003:27—56.

家—社会"关系的宏观视阈下进行。造成"单位社区"动员内卷化的初始前提是全能型的单位制度渐次退出"国家—社会"关系整合的体制，在缺失了基层单位作为社会整合中介组织后，国家为了重新将权力渗透进基层社会不得不通过加强社区层面的行政管理重塑整合渠道。其具体措施表现为通过复制和强化既有的国家与社会关系——市、区政府与社会关系——来强化国家权力的延伸，结果将原本应由居民自主、自治的社区居委会建设成了行政化的街道办派出机构，国家用基层政府取代了单位曾担负的社区居民的管理与社会整合功能。单位体制下高效的社区动员主要受动于完善的组织渠道和明确的资源刺激双重力量，但改革后的社区由于缺少了单位组织将社会资源直接配给至每一个单位成员的制度性通道，国家为社区投放的资源只能通过街道办、社区组织、居委会和社区精英等渠道扩展至普通居民。但是由于社区动员的内卷化加剧了社区组织的行政化倾向，使得国家投向社区的资源更多地被社区用作满足基层政府行政任务的开支，即通过社区动员完成政府对社区的各项评比和展示社区治理的绩效，由此造成社区动员活动异化为形式化的"展示性动员"①。其直接后果是造成社区动员的"假象繁荣"，体现为表面"繁荣"和实际动员参与低下的吊诡现实，而社区动员则被仅仅锁定在社区精英层面而悬浮于普通社区居民之上，造成社区动员脱嵌于基层实践。

2. 社区动员的精英替代

作为学术史意义上的"精英"研究可以追溯至意大利社会学家帕累托的相关理论，帕氏将精英视为"最强有力、最生气勃勃和最精明能干的人"②，后续有学者将在财富、能力、地位、学识等方面占据明显优势的社会成员称为精英。而本研究场域下的"单位社区"精英在兼具精英普适性的标准下，"主要是指在利用原有单位资本基础上，由原有'单位人'身份转换而成的获得国家基层政权认可并且能在社区治理过程中起到重要支配作用的个体精英人物"③。在 L 社区集体行动的动员实践中可以明显发现，原单位社区居委会的孙主任

---

① 李梦莹. 社会资本培育视域下的社区治理创新：本质蕴涵与实践进路[J]. 学习与探索，2017(8)：57−63.

② 帕累托. 精英的兴衰[M]. 刘北成，译. 上海：上海人民出版社，2003：13.

③ 田毅鹏，康雯嘉. 单位社区精英的"资本"构成及其运作研究——以 C 市 H 社区为例[J]. 学习与探索，2017(11)：36−44.

成了整个事件的依靠力量和动员核心,普通社区成员也是经由孙主任和社区积极分子的号召完成的行动动员。以孙主任为代表的社区精英成了国家对基层社会动员链条的重要环节,通过精英个人的社会资本和魅力型权威将国家的基层代理人和社区一般居民联结起来。

这一联结作用生发的场域恰与单位制"退场"前提下诸多社会职能向社区转移同步,单位制的消解使得原有的"国家—单位—个人"的纵向社会动员机制向"国家—社区—个人"转向,为社区精英的联结能力创造了制度性的空间条件。加之以 L 社区为代表的"单位社区"成员集中居住的地理边界并未随企业破产而破碎,单位社区呈现出以原有"单位人"为主体并整合社区新移民的新型社区样态。而借助于原单位的公职和党员身份获取自身社会资本的社区精英方可在此场域下获得有效的动员能力,这种能力的维系有赖于其在熟人社区积累的日常性权威,这种权威使他们不仅掌握了大量的非正式的社会资源(例如人情、面子等),也谙熟单位社区的地方性共识,成为社区组织和普通居民动员媒介的制度性力量。恰如韦伯所言,"如果领袖无法继续使跟随者受益,他的卡里斯玛支配很可能因此丧失"①。因此,单位组织的退场造成了社区资源的分散化和行政化,也造成了有赖于单位社会资本的社区精英的魅力型权威迅速耗散,陌生化的社区环境也易于造成精英"脱嵌"于社区,最终使社区动员趋于乏力。

3. 动员话语体系的式微

"单位社区"动员方式和话语体系的嬗变历程与中国从政治动员过渡至多元动员主体和手段的历史变迁相同步。单位社区的意识形态功能和动员功能是改革前中国政治社会化进程中的一个重要组成部分。这种功能是通过对人的思想、信仰、心灵、人格的影响和重塑而展开的。单位内部的工会、妇联、共青团、宣传部、广播台等机构,都是单位完成社区动员功能的主要工具。从这种功能演变的趋势来看,它一方面要完成国家赋予的政治宣传责任,以显示出能上下贯通、政治上相互支持的特征,另一方面则是为了完成单位内部的生产任务。通过动员而达成一种公共共识,汇聚单位内部的能量,推动

① 韦伯. 经济与社会(上卷)[M]. 林荣远,译. 北京:商务印书馆,1997:11.

单位共同体社会整合功能的实现。这种国家"大公共性"的目标既是单位社区动员的动力，也是单位社区动员的结果。但进入市场化改革后，单位社区内部居民逐渐觉醒了自身的个人利益和自我意识，原有的集体主体单位动员逻辑与以效益为主的市场逻辑相碰撞，统一和确定化的单位成员身份体系的消解使单位社区成员的社会地位和社会角色多元化。这一时期的单位社区动员方式与话语体系由国家目标向具有"小公共性"特质的单位效益和个人利益转化，单位社区的社会整合能力迅速弱化，基于单位政治动员的参与意愿急剧减弱。进入 21 世纪的社区制建设阶段后，社区动员结构发生了嬗变，居委会开始取代单位党政组织成为社区动员的主体，在传统政治动员失效后社区居委会更多地使用了权威动员、情感话语、利益诱使等手段强化动员能力。同时社区居委会和社区组织也更多地培养实质权威用以取代依托单位意识形态的形式权威动员路径，用更具智慧和多元的动员话语设计来达到动员效果。诚然，多元化的动员手段和话语体系更符合新时期社区建设的需求，但告别了政治动员手段和意识形态化动员话语体系后，后单位社区居民作为动员的客体具有了相对的主体独立性和行动自由度，这也成了此类社区动员困境产生的制度根源的一个原因。

第三节 赋权式动员——新时期"单位社区"治理的创新进路

对"单位社区"而言，如何在单位体制式微后新的社会发展阶段重塑新型的社区动员路径，构建"单位"与"社区"新型联结通道成为创新单位型社区治理方式的关键。固然新时期以来的社区建设强调"单位—社区"分离的改革路向，但居民深植于地域社会过往制度基础上的行为习惯、交往模式、价值理念都与传统制度存在着较强的路径依赖。因此新时期社区动员路径重塑之路也应在尊重历史衔接与承继的前提下实现革新，其具体路径可以尝试探索将单位制时期的"指令性动员"转变为赋予社区居民和社区组织一定决策权和行动权的"赋权式动员"。这种动员方式是在熟人化的后单位社区中展开，以获取了政府赋予的一定的行政职能权力的社区组织为主体，得到社区成员的认可，进而取得社区内部以决策权和行动权为标志的政治社会合法性地位，能调动后单位社区的制度性资源并广泛依赖社区成员关系网络，促使社区居民广泛参与社区建设与管理活动，将单位型社区的发展目标内化为居民共同认同与行动的一种新型动员机制。这一动员机制的有效施行既需通过社会力量的培育建设增强社区动员主体的自主力量，也要注重社区共同体情感的维系和居民关系网络的拓展，最终通过制度外力的促动和内部动力的强化共同达成新时期社区动员方式的重构。

一、新时期"单位社区"的独特性样态

作为传统单位型社区在社区建设体制改革后的新型样态，"单位社区"与其他的城市社区相比具有现实的独特性，主要体现在：第一，与原单位企业关系不同。改革前的单位社区是生活、生产空间高度合一的共同体社区，改革后的单位社区在地理空间和社区成员构成上一般都与其所属的单位组织存在着较多的重叠，也与原单位存在着较强的情感连带。在 L 社区集体行动的高潮，街道办请求汽修设备厂原领导到场调解的过程就可以发现在市场化改革后的单位社区，原单位仍然在组织资源、社会资本、文化氛围等方面对社区治理施加了柔性影响，这与其他城市社区与驻区单位之间的基于合作的共建关系极为不同。第二，单位社区居民同质化程度较强。单位型社区具有典型的熟人社会的特征，单位制时期施行的家属工制度和子女接班制度使得单位社区变成了融合血缘、业缘关系的紧密的共同体社会。虽然改革后也经过了社区成员的杂化过程，但与一般的居民高度异化的城市社区相比，依然具有熟人半熟人社会的特质。第三，社区建设资源供给的路径依赖性。通过相关案例可以发现，即便划归地方管理的单位型社区也依旧在抗争活动中依赖传统的单位资源进行动员，固然单位的解体使得社区发展赖以依存的物质资源供给难以持续，但是原单位的社会资本、组织影响力等无形资源依然成为社区动员和治理得以进行的动力源。

二、赋权式动员介入新时期"单位社区"的优势路径

正是基于"单位社区"在发展路径上的独特性，以长时段的视阈考察，"赋权式动员"较之以居民自治为模式的社区动员方式更契合单位社区的制度性特质。其原因首先在于单位社区特有的单位型社区权威结构模式呼唤新型的社区动员机制，这种单位型权威结构肇始于单位社区创建时高度重合的生产生活空间的地理区划，这种高度合一的空间整合在位于城市边缘的"典型单位制"社区更加明显①。为了满足单位社区职工的生活需求，彼时的单位社区逐渐变成了具备社会服务管理职能的全能型社区。使得单位组织始终在社区管理和建设中保持着高度的权威，社区活动、社区服务和社区内部的公益事业也多数由原单位提供资源支撑。基于单位制度下"父爱主义"回应性政治安排关照下的单位社区动员摆脱了功利性目标，这与其他城市社区与驻区单位之间形成的以利益合作共建为基础的动员形成了显著的区别，后者在社区动员中的目标实现是建立在以盈利为根本目的的理性人角色基础上的。因此，在单位社区的治理实践中获得具有权威资源优势企业的赋权将使社区动员获得合法性和经济合理性。

其次，赋权式动员有利于单位社区动员组织的发育成长。单位社区长久以来主要依靠上属单位为社区提供公共化的物业服务，因此社区居民组织主要表现为以趣缘群体为模式的团体，社区居民建立以处理社区公共议题为宗旨的议事型社区组织的意愿和动力羸弱。而议事型社区组织恰是社区集体动员和共同行动的关键中介力量，此类社区组织动员效能的提升唯有依靠单位社区基层治理权威获致居民的普遍认可，只有"通过这一权威将其纳入现有的以居委会为核心的动员体系之中"②，方可达成单位社区动员机制的社会化之路。

再次，以社区认同感视之，社区作为居民守望相助的生活共同体，亟须建立起超越身份属性的社区归属感。赋权式动员由于赋予了社区组织动员的

---

① 田毅鹏．"典型单位制"的起源和形成[J]．吉林大学社会科学学报，2007(4)：56－62.
② 赵欣．从指令到赋权：单位社区社会动员的演变逻辑[J]．晋阳学刊，2015(5)：104－111，145.

主体性地位,这就使社区组织可以借用单位社区遗留下的动员手段、集体主义意识理念和居民单位共同体情怀,这类以情感资源和社区认同感为代表的非物质资源是单位社区动员所需借用的力量。加之社区组织依托赋权所获得的主体性地位也更易于建构促进社区认同感的动员话语体系,并使新的话语体系获得合法性,消除动员过程中因缺乏制度性资源和行政授权而缺失的权威感。由单位下移授权的社区动员话语体系兼具行政系统和社会系统的双重认可,既与传统单位动员话语体系相承袭,又与民间话语体系相一致,两者的有机互构可以促进动员话语体系和社区认同感之间的"框架整合",以便在单位社区居民、社区动员主体与国家意志间达成共识。

三、赋权式动员:社区动员原生动力重塑进路

基于单位社区居民自治的赋权式动员顺利实施的首要步骤就是要妥善剥离社区中的行政权力,并依靠社会赋权形成的社区组织进行居民的自我动员,这需要社区居民在"自觉"和"自为"行动逻辑前提下理性、有序地完成社区公共议题的商讨。囿于单位社区保留了对单位传统动员模式的路径依赖,使得社区居民往往依旧存在依靠企业和社区为其提供公共服务和资源的期待,使得社区动员缺乏社区组织的主导和具有公共性精神社区居民的参与依旧是当前此类社区建设面临的困境。欲使社区组织有效承接国家让渡的基层社会自我管理任务,就必须在社区层面广泛建立起各种类别的非营利志愿组织,以便通过让社区居民充分参与志愿性非营利组织来培育和提升社区层面居民的利他主义公共性精神,构建超越社区组织范畴的社区互助共享的"公共空间"。此外,通过授权社区组织开展社区公共服务与管理可以有效弱化单位社区中纵向一体化的行政式社区动员路向,通过社区组织的建立可以有效训练和培育居民参与社区公共事务的能力和途径,以便使居民可以经由社区活动的参与提升社区层面社会资本的含量,提高社区动员资源的调动能力。

赋权是一个具有历史视阈的动态发展过程,在不同的制度情境和历史阶段具有截然不同的推进路径,只有将社区赋权的过程置于整个社区体制变革和单位制度消解背景下考量其动员手段、方法的嬗变方式,方可厘清社区动员机制中权力划分的边界和权责转移的障碍。后单位社区赋权过程的重要障

碍之一，就表现为社区组织在调动居民参与社区建设过程中遭遇社区居民的"弱参与"，这种弱参与尤其体现在社区中拥有较为丰富社会资本的中青年在职社区居民对社区公共活动参与意愿低下和被动参与活动。欲顺利推进赋权式动员模式的实施，就必须尽快推进单位社区居民公共精神的养成和提升。

公共精神即公民在其共同体生活中，通过长期的对共同体公共事务的参与和管理，认同了其制度和规则，内化了其精神和价值，而展现出的一种道德取向和精神风貌。在帕特南的"公民共同体"概念中，其所包含的公民的参与、政治平等、团结、信任、宽容及社团活动情况等即为一种公民"公共精神"的展现①。作为现代社会公民的一种基本美德，无论是政府对社会的有效治理还是公民对社会的民主自治的达成，都离不开公民公共精神的培育和养成，公民公共精神是现代社会有效治理、建构良好公共生活秩序的重要道德基石，也是实现社会全面和谐的重要思想道德基础。在具体的单位社区动员实践中，培育社区居民的公共精神，形成社区治理的共同体情怀，将是社区动员机制重塑的最高目标取向。首先，加大社区治理实践中居民公共精神的舆论宣传及教化的力度，通过榜样树立、典型示范、规范约束和行为引导，在社区中营造一种居民间彼此尊重、相互友爱、合作信任的邻里互助关系，从整体上提升社区的凝聚力和向心力，造就公共精神生成和发展的社会土壤；其次，发掘社区共同关注的公共性事务，促使社区居民在彼此沟通、相互合作的问题解决中，形成一种休戚相关、荣辱与共的依存关系，激发公民将公共理念转化为公共情感、公共意志和公共信念以及以公共利益为依归的公共生活态度和行为取向；最后，通过社区居民整体性参与，在社区居民的社区自决和自治中，形塑社区治理的共同体情怀，使社区真正成为一个"生活的共同体""社会的共同体""文化的共同体""精神的共同体"。通过社区居民公共精神的提升为赋权式动员社区层面的参与提供精神动力和情感支撑。

---

① 罗伯特·D. 帕特南. 使民主运转起来[M]. 王列，赖海榕，译. 南昌：江西人民出版社，2001：100－104，203－204.

第八章　重层结构中的城市空间治理

　　城市基层社会中国家与社会关系的重塑本质上也是城市基层治理空间的重构，重层结构的形成与运作同时也是一种城市治理空间的再生产。因此，在社会学"空间转向"的背景下，以空间视角缕析城市社区治理的创新进路不仅可以有效观照基层社会治理变迁的历史进程，同时也能更好地揭示社会治理创新的运行机制。当前，我国区域社会呈现出差异化发展的趋势，部分资源型和老工业基地城市随产业结构调整和单位体制消解面临着较为严峻的局部或全局性的人口流失加剧、职业机会减少、少子化、老龄化等困境，出现了较为明显的收缩型发展态势。这直接导致这类城市的基层社区治理面临着基础设施废弛与运营困难、社区空间萎缩、社区动员和参与弱化、社会资本耗散等问题，制约了社区治理创新目标的实现。基层社会治理创新的有效达成微观层面需要顺畅有效的社区动员体系，宏观层面需要建立起多主体合作共治的参与平台，更需在居民的生产生活空间和社会治理的行动实践空间中达成平衡。

　　从改革开放以来的中国城市社会治理进程中，可以发现其治理机制现代化的进路恰与从单位体制向社区制度的迈进相同步。社区制治理方式的形成标志着中国基层社会治理的单元由改革前封闭化的单位组织空间向共享和开放的公共空间转变。在此过程中，国家一方面通过重构基层社会的空间规划和结构来进行有效治理，另一方面也通过重新建构依托于空间之上的社会关系来解决基层社会空间结构变迁所造成的治理困境，由此形成了当前社会治理机制中极为独特的一面。而这一独特转型的核心依旧难以脱离对单位空间结构变迁所引致的治理方式蝶变的回溯和思考。因此，在全面推进中国式现代化的基层实践中，回溯这一城市治理现代化进程的机制变迁进路就成为进一步拓展中国城市社会治理创新和现代化实践的必经之途。

第一节　重识"单位空间"：重层结构空间治理的原点

目前，在城市单位制基本解体、市场经济加速发展、住房制度改革大体完成、城市化进程加速推进的背景下，部分基层社区受人口流失和产业空心的影响面临着由"收缩"所引致的社会解组风险。这不仅破坏了城市基层社会的结构稳定性，同时也在物理空间和社会空间变动中展现出独特的收缩路径，最终引发部分城市社区严重的社会衰退和公共性危机。这类城市由于工业企业集中倒闭，部分矿产和林产等资源型产业渐次衰退，从而引发了依托单位组织的社区产生了社会空间萎缩的过疏化发展困境。随着 21 世纪以来国企改革的深入推进和基本完成，使得原本高度依赖重工业和自然资源的工业城市失去了社会运转所依托的单位空间。作为进入单位体制最早、贯彻最为彻底、退出最晚的工业型城市，由单位体制所形塑的社会空间体系不仅成为此类城市基层社会运作的底层逻辑，同时也深刻地影响着此类城市社会治理创新及其现代化目标的实践进程。单位制作为中华人民共和国成立后建立起的一整套整合社会成员、协调社会关系和重塑基层社会管理方式的综合性的制度体系，是集身份授权、社会保障、生产生活于一体的全息性的空间结构。由此，单位组织以其全面的资源统合能力和社会调控力量成了国家纵向行政管理的中介环节，也成为改革开放前中国城市社会基础性的运作逻辑。依托于单位制而建立的各级单位组织还以其独特性的空间结构安排影响着城市的发展方式和治理模式，其中尤以单位大院的空间结构变迁成为透视中国改革后基层社会治理嬗变的重要基础。列斐伏尔曾在其《空间与政治》一书中论述了中国的社会主义空间模式，他认为空间已经摆脱了其物理层面的既有属性，成了外在于社会进程的"容器"或社会关系的载体，更是充溢着各种意识形态和社会生产关系的复杂产物。① 因而，如欲对中国城市社会重层结构中的空间模式进行回溯和研究就必须将视域投至对社会经济要素重组和社会交往关系重塑的核心变量。显然，就革命后的中国社会而言，肇始于社会主义建设时期不断形成和完善的单位空间体系继承了中国传统院落"围合""功能分区"的空间秩序，形成了具有封闭性和一定复合型的空间实体。② 在此基础上，"围绕着基层生产单位，创造出了截然不同的社会主义空间形式"③，作为城市社会组织的基本单元，单位也随着社会主义的建设进程，迅速成为城市空间组织的基本单元。工业型城市因此表现出了更为典型的蜂窝状经济结构，即依托于单位大院形成了由自给自足且空间封闭的社区所构成的集合，而非完整的城市网络。

空间结构的形式之于单位组织而言意义巨大，改革前的单位不仅是基层的生产组织，更是整合了工作、生活、学习和交往的综合性空间体系。这种空间结构的首要特性就是高度的封闭性，即单位组织往往是由一堵堵高墙围合下的封闭空间。这种封闭的形式类似中国传统的空间形式，即家庭院落。但两者形成于不同的社会制度环境，中国传统的家庭空间体系界定的是儒家家庭的范围和家长制的管理边界。而在革命后的社会主义社会之中，单位围墙所圈定的空间恰恰是单位组织的地理限域以及依托单位组织而进行的治理空间。这种空间结构彻底有别于传统社会的家庭空间，它并不能被简单地理解为一种文化的闭锁和排外，而是依托于工业主义意识形态而进行的旨在增强集体化行动的社会空间结构再造。其所代表的是"举国通一"式的"大公共性"结构，是追求赶超发展和践行平等主义社会关系的中国实践。④ 因此，典型意义上的单位大院形成了一个稳定化的职住一体化空间，在这同一空间体系中社会成员依托于单位组织为中介获得国家再分配的各类资源，并以内部

① 亨利·列斐伏尔.空间与政治[M].李春，译.上海：上海人民出版社，2015：13.
② 张艳，柴彦威，周千钧.中国城市单位大院的空间性及其变化：北京京棉二厂的案例[J].国际城市规划，2009(5)：20—27.
③ 薄大伟.单位的前世今生：中国城市的社会空间与治理[M].柴彦威，张纯，何宏光，等译.南京：东南大学出版社，2011：6.
④ 田毅鹏，刘博.单位社会背景下公共性结构的形成及转换[J].山东社会科学，2016(6)：40—50.

化福利系统和关系网络为表征形成了紧密化的共同体情节。在社会治理过程的具体表现上，改革前的中国城市社会主要由单位大院构成的封闭化空间和单位制的辅助管理体系——"街居制"的半开放空间所组成。国家通过单位这一组织形式管理职工，通过街居体系管理社会闲散人员、民政救济和社会优抚对象等，从而实现了对城市全体社会成员的控制和整合，达到了社会稳定和巩固政权的目的。这种治理模式在空间主体性上依旧未能超越单位空间的边界和范畴，其对社会成员的管理和服务也更多地借用了单位组织的行政科层体系，各级街居系统虽然也提供了社会治理的空间场域，但是其治理方式与管理机制依旧是单位治理方式的复刻和翻版。

在意识形态领域，虽然单位大院的治理结构和管理机制体现出了高度的集中性和组织化特性，与中国传统家庭院落空间中凸显的儒家思想的家长权威制具有极大的相似性，反映和再生产了被清晰界定的等级化社会秩序。但是在实践中，中国的单位大院的空间设计与治理不仅受到了传统中国民居空间的影响，另一方面也深受诞生于欧洲的空想社会主义传统的影响。"中国社会主义建筑师和规划师从这种激进的欧洲传统中汲取了大量的精华，尤其是努力在单位空间之内实现技术、功能和象征意义的完美结合。"[①]这也表明，在设计社会主义单位治理空间之时，其预设的目标是建成一种既能通过运用现代技术来推进生产的工业化空间，又能同时有效地在这一既定的空间内完成对社会成员的整合管理并形成促进工人阶级社会交往的环境。在实践中，各单位大院形成了典型的空间结构类型，即包括生产区、生活区以及涵盖俱乐部、体育馆、浴室、食堂、理发室、医院、合作社等能满足单位职工全部生产和生活需求的设施体系，进而为依托单位大院进行的封闭性治理实践提供了空间上的可能性。这种依靠职住合一的单位大院进行的治理实践成了社会主义国家最为基本的国家治理体系，以单位组织为中介的社会治理的对象是组织和个体，更确切地说是有组织的"单位人"，而不是对开放性的社会空间进行治理。在这种模式之下，社会的空间治理就变成了一种附属于国家和单

---

① 刘天宝，柴彦威. 中国城市单位大院空间及其社会关系的生产与再生产[J]. 南京社会科学，2014(7)：48-55.

位的治理实践。而在单位组织内部,组织治理和空间治理在实践中是合一的,或者说空间治理是被湮没在组织治理过程中的。① 可以说,这种改革前独特的治理格局在空间角度的形塑既与单位空间的相对封闭性有关,也表明了国家在塑造社会秩序上的原初意图。

第二节 从"单位"到"社区":重层结构中空间治理逻辑的嬗变

"治理"一词的英文词源一般表示为"Governance",有引导、操纵、控制等含义。随着二战之后的解构主义和后现代主义思潮的不断涌现,"国家—社会—市场"三大主体之间的关系框架逐步进入了治理理论研究的主流范畴。此外,传统主义治理机制所引发的治理失灵困境也呼唤一种新的更具现代性的治理机制和理论。较为理想的治理模式是以"国家与社会为基础,协同公共和私人部门,在居民和社会组织的积极参与下协力对社会进行有效的管理"②,它是由政府主导的行政逻辑和社会逻辑以及市场逻辑三者之间共变的结果。在新时期的社会治理现代化实践中,收缩型城市社会治理的效能在极大程度上取决于参与治理的各方主体之间的力量关系。当社会资源主要依赖于政府和国家的再分配,而社会力量孱弱且市场发育不完善之时,整个治理机制就表现为较为明显的行政化倾向。在城市社会治理现代化过程中,行政化逻辑以其追求稳定性和体制再生性为诉求,依靠延伸和复制既有的组织机构来完成对社会的管控。新时期的工业型城市空间治理实践表明,单纯地依靠基层政府为社区治理提供行政性资源的治理路径已经难以适应社会要素不断收缩凋敝的现状,其空间治理创新必须有效回应单位社区空间的消解给治理行动所带来的挑战,唯有在回视治理逻辑嬗变过程中厘清新的治理机制和手段。

---

① 李威利. 空间单位化:城市基层治理中的政党动员与空间治理[J]. 马克思主义与现实,2018(6):184—190.

② 郑杭生. 理想类型与本土特质——对社会治理的一种社会学分析[J]. 社会学评论,2014(3):3—11.

一、单位社区：纵向一体化的空间治理模式

中华人民共和国成立后，为了迅速稳定城市社会秩序，通过有效的行政治理将社会成员组织起来推进国家工业化进程。政府在城市社区逐步建立起了行政化导向明显的单位体制，这一制度将城市社会绝大多数的成员均吸纳进了这一集身份认同、社会归属、福利保障于一体的生产生活共同体空间之中，从而形成了改革前"国家—单位—个人"的纵向行政整合体系，进而演变为城市社会空间治理基础性的秩序体系。以社会治理视域视之，单位组织正是通过行政化手段在其内部达成了如下治理目标：第一，通过行政化力量实现了单位社区内部治理资源的再分配；第二，单位组织成为一元化的治理主体并在治理实践中享有绝对权威；第三，依靠复制科层化行政组织来提升单位组织的治理效能。这一行政化治理机制"有如构建起了一个巨大的'蜂巢'，将一个个单位吸纳其中，而单位组织又以其全能性的蜂巢组织将单位成员整合其中"①。而在单位组织外部，国家也逐步发展出了一整套将城市居民加以整合的制度，其中 1954 年颁布的《城市居民委员会组织条例》成为将单位组织外的社会成员纳入国家统一管理的制度设计，但由于居委会所管理的社会成员往往是被单位体制排斥在外的缺乏就业能力的居民，因此在治理资源上一直是高度依赖于国家与政府的再分配，成为为单位体制拾遗补阙的治理体系。基于此，国家依靠街居制度完成了对非"单位人"的"再整合"，从而将国家的动员能力和行政力量触底，完成了举国通一式的治理格局。国家通过行政化明显的单位组织和街居制度完成了对城市社会成员与领域的全覆盖，并通过高效的基层动员体系完成了对社会成员的有效整合，建立起了全息性的社会治理框架结构样态。这种社会治理的格局恰如前文所述，是以单位大院为空间基础，国家以此完成了对城市基层社会的整合与同构。

这一治理模式与格局不仅以组织化的形式有效地整合了个体的社会成员，实现了近代以来将中国社会"组织起来"的制度建设，还在空间结构中创造了一种城市基层社会治理的新模式。即依托于"单位大院"这一地理空间与社会

---

① 徐勇. 论城市社区建设中的社区居民自治[J]. 华中师范大学学报，2001(3)：5—13.

交往空间重合的场域，借助于高度凝聚化的单位共同体情怀和稳定化的单位习惯，在国家主导的意识形态统领下实现对单位人的行政管理和情感关切。这一治理模式一方面有赖于条块分割的单位组织体系为其提供制度化的治理资源，另一方面也以柔性化的父爱主义情感为单位成员提供生活工作所需的全面保障。值得注意的是，作为彼时社会治理基本模式的单位空间治理样态在实践中也并非铁板一块，而是依托于单位组织空间边界和归属部门殊异被区隔为空间横向切割的龟裂状态。单位内部成员在分割化的治理空间中主要依托自身的社会资本和社会支持网络来依附治理资源的再分配者，从而形成事实上单位社区治理网络的"差序格局"，这一扭曲的差序格局网络的核心是单位内部各级行政权力的拥有者，并依靠单位成员与领导关系的亲疏形成拓展的治理网络圈，治理强度与治理资源从核心至网络边缘不断递减。[①] 这就使得单位大院的空间界限不仅决定了在这种治理模式下个体单位成员所能获取的社会服务资源的多寡，而且分割化的单位空间治理边界也割裂了单位成员与社会成员之间的横向联结，使得单位空间治理和街居空间治理在实际中处于分裂的状态，未能形成制度互为补充并有机联系的治理体系。

二、"后单位"社区：空间分异与多元治理主体培育

在单位制度走向终结后，学界更多地使用"后单位社会"来表述新的社会整合模式与运作逻辑，即市场化要素与单位制要素共存，现代基层社会治理机制与"单位—街居"治理"路径依赖"并重，社会治理主体不断发育和单位组织"退场"相伴生的新阶段。[②] 这一发展阶段不仅表明改革后的中国城市基层社会基础性治理机制的重大变化，同时宣告了单位社区这种高度整合与低度分化的社会空间体系在实践中走向了消解。传统单位社区的空间形态本质上是建基于"国家—单位—个人"这一纵向行政化社会调控体系之上的，是由单位组织内部的生产空间和劳动力再生产空间所构成，在地理空间形态上呈现出

---

① 辛文娟. 居住空间分异与交流重构：基于某国企煤矿居民生活区的考察[M]. 北京：中国传媒大学出版社，2020：9.

② 田毅鹏，吕方. "单位共同体"的变迁与城市社区重建[M]. 北京：中央编译出版社，2014：218.

具有轴线和"中心—边缘"结构的封闭性院落空间，在社会空间形态上则表现为社区成员依托于单位组织生活服务功能所结合成的具有"精神—心理"一致性的交往共同体空间。这种城市基层空间体系与单位制和街居制这一社会调控体系相匹配，再辅以单位大院的城市空间组织形式，使城市空间形态趋于长期的稳定性和一维性。

随着市场化改革的推进和单位体制的消解，原本稳态化的收缩型城市社会空间结构急速重构，收缩型城市基层社区也随着单位组织的"破产"而发生了较大的变化。从物理空间形态来看，城市土地有偿使用制度的建立不断"迫使"中心城区的工业单位向郊区扩散，由此带来了市区内单位社区职住一体空间结构的解体。加之单位福利分房制度的终结和商品房制度的兴起，单位社区内部同质性的居民共同体空间事实上遭遇着社区居民杂化的挑战。改革前，由于工业型城市社区居民实际上是以"业缘化"的单位为中介而形成了独特的空间关系网络，但是随着住房制度改革，导致居民杂化、户籍制度松动，社区人口增加，消费分化，引起阶层空间集聚等，原本单一化的基层社会空间逐渐走向了基于利益所致的多元分化。加之世纪之初轰轰烈烈开展的社区制改革，使得基层社会的组织主体也由单位组织下设的居委会转变为受街道办指导并开展自我管理与服务的社区。这一过程不仅是"后单位"社区形成的体制动因，在实践中也使得依托于纵向贯通、横向封闭的单位空间治理模式难以调适多元化的"后单位"社区治理实际，如何培育和调动社会、政府、居民和原单位组织等多方主体共同推进改革后的城市社区空间治理，成为理论界和城市管理领域亟待解决的困境。

在"后单位"社区形成的制度和经济背景下，原本同一化的基层社会空间也逐步从稳态走向分异，这使得在既有的空间结构中居于治理主体的单位组织逐渐从社区治理实践中"退场"。而相关研究和实践发展也表明，传统的单位型社区消解和新型社区的成立并不意味着两大治理主体之间的顺利切换，社区在社会服务与治理过程中并没有即刻随着体制改革和城市转型而建立起新的治理机制与模式，传统的治理机制在社区制背景下也不断地经历一轮轮的反向运动。① 分异化的"后单位"社区空间建基于多元化的社区成员"身份"和利益取向，因此建立在职住一体空间基础上的单位组织对社区进行管理与服务的方式显然不再适用于变迁后的社区样态。在这一类型社区建立与治理的过程中，一个清晰的线索即是政府又一次起到了制度建构的基础性作用。只是与单位社区和街居制度不同的是，政府与社区的关系已逐步由行政性管控向合作式治理转变，加之社区所依托的单位组织大量解体和搬迁，使得21世纪以来的社区空间发展与规划已逐步摆脱单位的影响。街道办、居委会、社区组织、社区居民、物业公司等都成了"后单位"社区新的空间治理主体，社区空间重塑的动力也由适应单位组织的生产生活转变为满足多元治理主体的利益需求和回应居民的服务诉求。基于此，在"后单位"社区空间的重构调整中出现了两大较为明显的趋势：其一就是社区空间弱化了意识形态的影响和控制，新的社区空间形态主要是基于社区各治理主体博弈妥协的结果，无须通过空间的塑造形成特定的社会关系。其二是"后单位"社区空间从满足社会服务的封闭性走向了市场化的开放性，单位制时期职住一体的社区空间体系的主要目的是实现闭锁化单位公共服务体系的维系，目的是将单位职工与家属限定在特定的空间场域中，实现具有排他性的公共服务目标。但"后单位"时期，单位作为福利共同体的职能已经逐步丧失，因此，社区也不再需要通过空间规划隔绝居民与外界的联系，市场化服务体系的建立更是成了打破社区闭锁藩篱的决定性力量。基于此，可以看出，无论是在社区空间形成的物质基础方面，还是在社区空间运行所需的制度保障方面，工业型城市"后单位"社区都呈现出与单位制时期截然不同的样态，这不仅形塑了新的社区空间形态，也呼唤着进一步完善社区空间形成机制的改革。

三、社区制：复合现代性的社会空间治理样态

21世纪以来，随着以市场为导向的改革在收缩型城市单位组织的推进和"社会"的不断发育，全能性的单位组织逐渐式微，单位制度之外的社会体系渐次扩大和多元。这使得传统上由单位主导的社会治理格局难以适应日益杂

---

① 刘博. 社区动员与"后单位"社区公共性的重构[J]. 行政论坛，2019(1)：117—123.

化的收缩型城市社会，从而逐渐退出了社会治理的主体地位。为了回应单位制在社会治理领域"退场"所造成的"治理失灵"，自20世纪90年代以来，国家开始在城市基层社会推行社区制度。社区制的推行在一定程度上发挥了居民在治理过程中的参与性和主体性，但是由于工业型城市市场主体发育滞后且单位组织力量依旧较为强大，加之传统单位制度的巨大惯性，使得新兴的社区制在这类城市空间治理实践过程中依然遭遇了诸多的困境。主要表现为治理的权威性欠缺和社区居民的"弱参与"，究其本源则在于单位制的"退场"弱化了社区治理空间的资源供给，在社会未得到充分发育的前提下，多元化治理资源的再分配机制尚未建立。为了有效改善这一困局，行政力量再次下沉至社区，国家借助城市基层行政机构将社区服务的诸多职能再次纳入行政化的管理轨道，建立起了一套自上而下的区、街道、社区、楼宇的行政化治理网格。尤其是社区网格化治理模式的建立，清晰地表明了行政化力量在城市基层社会的再次触底，这表明21世纪以来的城市社区空间治理格局并未完全摆脱单位制的影响与制约，"以单元化的模式来治理城市社会，希望以居民区的准行政性区划为标准，再次将社会划分为一个个小单元"①。但社区制和单位制在社会治理实践中的行政化逻辑依旧具有明显的差异，与单位制下国家与社会"同构"的行政化导向不同，社区制下的行政化逻辑是国家通过将行政力量下沉的方式完成对基层社会的治理。从而使社区制体现出更为复合性的行政化面向，一方面要以行政性的力量调动资源完成对社会的治理与服务，另一方面又要通过行政力量促动社会自组织参与到社会治理的实践中，最终分担政府在社会治理中的全能性地位。

---

① 彭勃. 国家权力与城市空间：当代中国城市基层社会治理变革[J]. 社会科学，2006(9)：74—81.

第三节　逆行政化：重层结构中空间治理现代化的探索

空间对基层社会治理的意义不仅在于提供了一个社会治理的物理空间，也并非单纯建筑学意义上的"规划"和"改造"，而是为社会治理提供了基本的运作场域和实践单位。其内在具有三重维度：首先是圈定了社会治理的物理边界，其次是限定了治理实践的基本内容，再次是空间多样性的发展造成了治理手段和方法的复杂性。依据这一逻辑，在当前空间结构形态不断异质和多元的背景下，城市社会治理也应该突破物理空间的局限，在国家、单位与基层社会关系的实践中实现创新。新时期以来，随着国家进一步加强社会治理现代化创新的机制培育，产生了大量新型的社区治理实践方案，这些新型社会治理机制的一个重要表征就在于改善并弱化了社区对行政资源的过度依赖。但在这一过程中也产生了诸多的治理困境，对逆行政化的趋势产生了明显的阻滞，厘清这一阻滞机制的生发根源成了推进社会治理现代化创新的理论基石和实践推力。

一、基层社区治理行政化逻辑的桎梏

虽然工业型城市的基层社会空间及其运作机制高度依赖单位制度，但21世纪以来工业型城市依旧随着改革的深化和市场的发育产生了阶层多元化和利益多样化的趋势，由此引致了社区居民权利意识的萌发和利益诉求的高涨，社区由传统单位大院空间样态下的"熟人社会"向多元属性的利益共同体转变。这使得居民对社会治理的效能和社区服务的水平提出了更高的要求和期待，也由此引发了行政化治理所致的一维、闭锁、单向负责等特性与社会治理现代化所要求的开放性、参与性、互动性产生了内在的张力，在实践中表现为社会公共服务低效、欠缺、被动和公共政策"凝闭"等困局。① 近年来不断涌现的社区业主维权抗争活动和环境类公共设施所导致的邻避运动事件成了治理困局的现实脚本，也增加了社会冲突爆发的可能性和社会秩序失序的风险。

此外，行政化治理逻辑在社区治理层面还体现在社区为了向上级行政部门展示治理绩效和争取物质资源，往往将国家投向社区的资源更多地用作满足基层政府行政任务的开支，即通过社区动员完成政府对社区的各项评比和展示社区治理的绩效，由此造成基层社会治理活动异化为形式化的"展示性治理"。其直接后果是造成社区治理的"假象繁荣"，体现为表面"繁荣"和实际治理参与低下的吊诡现实，而社会治理主体则被仅仅锁定在社区精英层面而悬浮于普通社区居民之上，造成社区治理脱嵌于基层实践。此外，由于行政化治理逻辑使基层政府包揽了治理资源的再分配权力，直接导致了政府陷入基层社会繁重的服务工作中而难以脱身的窘境，"上面千条线，下面一根针"更加重了社区和基层政府的治理负担。造成了治理过程中各参与主体治理动力的差异，即政府的强动员与居民的弱参与共生，政府的强指令与社区干部的弱执行同步，最终使社会治理失去了基层社会的普遍认同与合法性权威，反而降低了行政化治理的效能。

二、社区治理空间"逆行政化"的实践探索

新时期以来，社区空间形态随着市场化推进和单位空间消解的共同作用，呈现出日益多元化的趋向，并在治理实践中逐步明晰和重新调整了各治理主体的地位和权责。就治理空间而言，随着社区地理空间与居民特质逐步合一，以及社区内部自组织的发展，多方社会力量逐步成为社区治理空间场域中的主体。但受制于各治理主体发育的不平衡性，使得居委会在面对治理压力时不得不再次强化自身的行政化属性，出现了"行政化"高于"自治性"的现象，进而出现了居委会职能行政化、成员公职化、工作方式机关化、权力行使集中化等现象。为了对新时期以来以工业型城市为代表的社会治理困境提供总

---

① 彭勃，杨志军. 从"凝闭"走向"参与"——公共事件冲击下的政策体制转向[J]. 探索与争鸣，2013(9)：52—56.

体性的解决策略，国家逐渐明晰了行政化权力在社会治理实践中的作用和边界，并不断调适政府与社区在治理空间中的互动模式。这一改革的目标是要进一步培育社区治理空间的多元资源保障体系，弱化社区对基层政府的基于治理的资源的强行政依附，通过积极培育社区自组织和增强社区居民的参与感，对其他社会治理主体进行"赋权"，以便提升居民对社区生活的满意度。与单位制时期和21世纪之初的社区制的行政化逻辑不同，这一轮的治理机制创新并非通过强化政府在基层社会的行政能力促进社会治理目标的达成，而是通过放权和赋权相结合的手段培育新的社会治理主体，从而实现构建新型社区治理空间场域的目标。为此，各地在具体的治理实践中不断探索边界相异的社区治理空间，打造各治理主体参与共治的制度场域，协调社区治理各相关方的互动关系，进而实现社区治理要素在特定地理空间、制度空间和交往空间中的重塑样态。

第一，"居站分离"改革与社区治理空间的分离尝试。"居站分离"模式"是指在社区党组织、社区居委会之外，设立新的社区工作站来专门负责承接政府的行政性事务，进而明晰划分社区自治权与政府行政权的合理边界"①。这一制度构建的直接目标是为了分担居委会的行政职能，通过承接政府下沉的公共服务来达到重新实现居委会自治功能的制度探索。从社区治理空间来看，居站分离的改革将原本一体化的治理空间分割成了行政化空间和社区居民自主活动空间两大部分，居委会负责社区居民的自我组织与管理，社区工作站则承接与行政职能相关的公共资源供给。以剥离行政化空间的方式实现社区治理过程中"去行政化"在实践中取得了巨大的进展，但是仍然出现了治理空间交织和混杂的问题。因此，如欲有效剥离行政化空间，两大机构必须在人员和业务范围上实现精准的划分和剥离，方可实现社区治理空间场域中治理主体专业化的分割。

第二，"撤街强社"尝试与社区治理空间边界的重塑。在社区治理进程中，代表基层政府权威的街道办与代表社区自治的居委会之间的关系样态不仅是

---

① 陈鹏. 社区去行政化：主要模式及其运作逻辑——基于全国的经验观察与分析[J]. 学习与实践，2018(2)：89—97.

社区治理实践的制度起点，同时也是新的社区治理空间模式建构的关键。"撤街强社"即是通过撤销街道办事处，做大做强社区的模式，推进居委会的去行政化改革。其做法是通过撤销街道办，实行区政府直管社区的模式，新成立的社区并不以居委会原始辖区为界限，而是以公共服务所能覆及的范围和网格化有效管理的边界来确定社区的地理空间。通过将人、财、物下沉的方式扩大社区的服务能力和治理主体地位，强化社区空间在基层社会治理中的领导核心角色，从而摆脱对基层政府的行政化依赖。

第三，"五社联动"培育与社区治理空间关系的创新。所谓"五社联动"就是指居委会在开展社区工作过程中与社区内部的社会工作者、社区自组织、社会慈善资源和社区志愿者等主体协同合作，共同推进社区服务能力的提升，达到社区去行政化的目标。从关系角度来看，从"三社联动"向"五社联动"治理模式的变迁，关键在于有效培育社会治理空间场域中的各治理主体，使其真正具备服务居民需求的改革目标。从"五社"中各主体的关系角度来看，其合作协同关系的建构不仅有利于在实践中充分调动各方资源满足社区治理需求，同时也使社区的各种治理主体、内外资源、关系网络实现了有机的链接、互通和整合，从而有助于增进和提升社区治理效能。因此，通过社区治理关系样态的创新，实现了治理空间的让渡，新的治理主体从基层政府和居委会获得了自身的运作和发展空间，有效地激发了社区活力和动员力，促进了社区治理的底层参与。

基于此，从空间视角出发，工业型城市社区治理现代化的核心诉求是摆脱对单位空间的高度依赖，并弱化传统单位空间治理实践的强行政化取向，实质是在逆行政化的前提下实现多元社会治理空间的培育，从行政化一维空间向多治理主体多元空间过渡，最终形成基层社会多方共治的目标。由此，逆行政化创新的实践进路就体现在四个主要层面。首先，逆行政化经由更多地关注于"地域性"的治理资源和手段来弱化行政化治理实践的"刚性"手段，凸显非制度性机制参与治理的可行性。其次，在社区治理实践中构建起多元主体共治的格局是治理效能提升和创新的目标。再次，创建基于社区居民利益的自组织是拓展和完善政府行政服务的有效承载主体。最后，逆行政化实践力图创建一个多元治理主体平等参与的制度平台，从而赋予社区、居民、社会组织更具平等性的伙伴关系。

第四节 结语

作为中国式现代化的有机构成，新时期社会治理的现代化创新探索更需关注多元类别的地域实践。从新时期以来工业型城市基层社会的治理实践来看，面对单位体制的式微和单位组织的消解，传统上依托于单位大院的收缩型城市社区治理空间体系和结构已经难以适应变革后的社会现实。随着现代"社区制"在收缩型城市的普遍推广，各方逐渐在社会治理领域探索出了新的治理机制与方法，这一机制在实践中体现出了两个重要的特征：第一，以社区组织为载体，鼓励社区居民充分参与社区活动和实践，利用社区组织的志愿性和开放性不断加以赋权，使之成为分担政府行政力量的服务载体，由此体现出了明显的"逆行政化"取向。第二，在"逆行政化"的过程中，一个明显的趋势是，为了有效摆脱社区对原单位组织的资源支持和行政化管理的路径依赖，旨在探索"逆行政化"的治理机制变革在全国各地逐步铺开。这些机制变革在一定程度上实现了社区空间在物理边界、互动关系等领域的再造。使得治理资源和治理主体已经在相当程度上脱离了单位制时期社区治理的空间束缚，并在治理的具体手段、制度的顶层设计、治理的意外后果等方面展现出更为复杂的现实层面，呼唤着基于制度重塑和资源重组的社区治理变革。

中国式现代化的基层实践表明，行政化逻辑固然以其高效性和全息性有力地保证了城市社会整合目标的实现。但是日益多元化的社会发育对这一治理手段提出了时代性的创新诉求，唯有在治理实践中重新调适行政化在社区治理行动中的空间边界和关系向度，方能彰显城市基层社区的巨大活力。这既是新时期中国城市社会治理创新的逻辑起点，也是对四十余年来改革创新实践的经验总结。这一经验表明，行政化逻辑与逆行政化创新之间的张力与角力在共同形塑着城市社会重层结构治理创新的空间机制，未来城市重层结构社会治理现代化的实践进路唯有在一方面充分汲取行政化逻辑所赋予的治理权威性的前提下，充分发挥社会组织和社区居民的治理主体作用，相信政府、依靠社会，最终达成城市重层结构社会治理现代化的实践旨归。

　　但值得注意的是，以街道办为代表的基层政府、党组织和驻区单位三者在城市的重层结构空间治理结构中依旧处于主体的地位，但是三者的责任在实际表现中仍有区别。虽然社区自组织往往在社区治理中承担着政府和单位转移而来的社会公共服务的职能，但是基层政府和社区党组织依旧在此过程中起到发起和指导的作用，同时也承担着对治理活动的兜底责任。值得注意的是，在伟大的抗疫实践中，驻区单位也成了应急治理实践中的关键核心，不仅承担了其空间所属社区治理动员所需的物质资源的调配，同时也强化了居民对驻区单位组织的权威认同和社会联结。不过，虽然驻区单位也参与进治理过程，但是治理的空间场域早已脱离了原有的空间地理限域，是在更为开放和广阔的城市公共空间中加以运作。加之，这三大社会治理的主体都具有公有制特性，因此依旧是变通意义上的"单位"。也即表明，在市场化和社区制共同作用下的工业型城市的"后单位"社会，单位所形塑的制度空间依旧影响着社区"逆行政化"的实践路径和行动基础。因此，当前社会治理的变迁就是要充分发挥不同"单位"主体的作用，让"单位"参与到社区治理的实践进程中，即"空间单位化"。这更加确证了自改革开放以来中国城市空间治理的一个一以贯之的特征，即仍然依赖于已经相对弱化了的、以职业共同体形式存在的"单位"的结构性作用。甚至从某种意义上说，改革过程所释放的自主性和开放性只是在相当程度上稀释了单位空间治理的边界，并在这一过程中变革了单位空间中的结构性要素，尤其是改变了治理空间限域内的实践主体，以转变"国家—单位—社区"的行政链条为目标打造了一系列的逆行政化探索，并力求在新时期整合各方力量共同形塑新的、更具多元性和公共性的社区治理现代化创新路径。

第九章　重层结构中治理能力的提升
——以社会工作为中心

自党的十八届三中全会提出创新社会治理体制以来，社会工作正日益成为重层结构中社会治理不可或缺的专业力量，并以其理论知识积累和庞大的民间机构数量而形成了社会工作专业共同体。在政府主导的推进方式下，中国本土的社会工作在领域开拓、岗位开放和专业队伍建设中均取得了长足的发展，并形成了以社区日常生活场景中开展专业服务为代表的本土特色。从"三社联动"到"五社联动"，社会工作发挥自身的专业优势深度嵌入基层社区治理之中，在提供专业服务、调动和发挥社区主体能动性方面发挥了积极的作用，并推动基层社区生活发生了积极的改变。在中共中央、国务院提出加强基层治理体系和治理能力现代化建设的背景下，社会工作在提升重层结构中社会治理能力方面发挥了更大的积极作用，不仅拥有坚实的实践基础和广阔的未来前景，而且关系到社会工作本土化的进一步完成。

第一节　社会工作与提升重层结构中
治理能力的契合性

一、价值理念的契合

社会工作与提升基层治理能力首先在价值理念方面存在契合性。社会工作强调价值为本，作为一个运用专业知识、方法和技巧从事助人的专业，社会工作的一切实务活动都要以自身的价值观为出发点。正是在这一价值理念的指引下，社会工作通过个体和社会层面的助人来解决个体、群体和社区的问题，发展社会功能并促进社会和谐。在社区中，它通过整合社区资源，为社区居民提供更有益的服务。

基层治理能力现代化则是以"善治"理念为基础。善治的本质特征是政府与公民对公共生活的合作管理，是国家与社会之间积极有效的新型合作关系。它的基本要素包括合法性、透明性、责任性、法治等，善治的理念是要充分实现人的尊严和价值、有效保护公民的基本权利并推动社会良性发展。善治理念提倡的是一种参与式的治理过程[①]，追求社会多元主体充分利用自身优势，在社会治理实践中发挥最佳功能以实现基层治理现代化。

显然，社会工作的专业价值理念与提升基层治理能力的内涵是完全一致的。在基层治理体系和治理能力现代化的建设中，社会工作可以凭借自己的专业优势深度嵌入基层社区治理机制之中，通过多种实务活动深入了解居民的实际需求，为居民提供更精准化的服务，链接多元社会资源，帮助社区强化或恢复社会能力，最终促进基层社区和谐发展，有效推动基层治理能力现代化的实现。

二、目标定位的契合

社会工作与提升基层治理能力首先在目标定位方面也完全是一致的。社会工作在社区治理实践中的目标是要帮助服务对象解决社会问题，链接多方资源，满足社区居民的诉求，帮助辖区居民解决问题，为辖区居民提供社会福祉、公共服务、社区资源等。挖掘社区居民的潜能，推动社区居民积极参与社区治理，增强辖区居民应对突发事件的能力，推动基层社区建设，促进社区的和谐，从而创造社会和谐安定的环境。

基层治理是国家治理的基石，基层治理能力现代化是为了"建立健全基层治理体制机制，推动政府治理同社会调节、居民自治良性互动，提高基层治

---

① 杨春福.善治：国家治理现代化的理想模式[J].法制与社会发展，2014(5).

理社会化、法治化、智能化、专业化水平"。① 无论是基层管理服务平台的建立，还是党建引领基层治理机制全面完善，提升基层治理能力的目的都是为了基层社区居民的生活问题，维护基层社区居民的利益，增进基层社区居民的社会福利，促进公共利益的最大化。显然，在目标定位方面，社会工作追求的增强社区凝聚力，推动社区经济发展、改善社区治安状况、推动社区整体化建设、实现社会大和谐等内容，都是提升基层治理能力的题中应有之义。在治理实践中，他们都以解决基层群众关注的热点、难点、焦点为追求目标，致力于推动基层治理多元化，完善基层治理体系，改善民生，维护基层群众利益，完善基层治理体系和治理能力的现代化。

三、治理的实践逻辑契合

在实践逻辑方面，社会工作强调证据为本、反思为本的实务模式，要求打破专业权威，以相互尊重的平等关系来界定社会工作者和服务使用者之间的关系。在此基础上，社会工作能充当基层社区治理的协调者。社会工作通过协调社区的多元主体，整合社区资源，解决社区实际存在的问题，实现有效的互动与沟通。社会工作是基层社区治理中社会政策的执行者和影响者；社会工作者在社会政策内开展工作，在基层社区治理服务过程中，社会工作者在发现某些普遍问题时，结合辖区居民的实际情况和具体要求，及时向有关政府部门反馈。同时，社会工作者作为政策的执行者，能直观感受到政策的执行效果和实施过程中存在的问题，从而针对基层社区治理的政策提出可行性建议，成为社会政策的影响者，为辖区居民提供更有益的服务。

基层治理能力现代化在实践中追求多元社会主体之间的有效合作，其管理权威不再仅仅是依靠政府自上而下的权力，其权力向度是多元的、网络化的。事实上，多元主体的参与程度越高，越有利于基层治理能力的提升。在实践中，需要调动多方积极参与社区治理，推动多元主体之间的良性互动，激发基层治理的内生动力，形成多方协同的治理格局。② 推动政府治理同社会

---

① 新华社. 中共中央 国务院关于加强和完善城乡社区治理的意见[J]. 中华人民共和国国务院公报，2017(18).

② 秦森，彭珊. 城市基层治理水平提升路径研究[J]. 产业与科技论坛，2022（10）.

调节，将传统的政府自上而下的公共权力转变为社区居民自下而上的主动参与，将"管理型"政府转变为"服务型"政府。[①] 融入信息技术打造基层治理智能化优势；通过多元参与基层治理打造社区治理共同体，推动基层治理社会化；基层治理能力现代化还需要立法先行，完善有关基层治理法律体系，提高基层治理法制化水平。采用专业知识和方法，构建基层治理专业化。

综上，在实践逻辑方面，社会工作自身的实践逻辑与基层治理能力现代化追求的多向度、网络化治理完全是契合的。社会工作自身的组织机构本身就是多元治理主体的一环，充分发挥其专业性本身就是基层治理能力提升的主要条件。社会工作能够推动基层治理能力社会化、法治化、智能化和专业化的发展；在实践层面，社会工作能够提供专业的服务，促进社区治理结构的优化，完善多元治理的格局。[②] 同时，社会工作作为一种服务性治理手段，助力于社区走向善治，达到社区治理目标最大化。无论是价值理念还是专业追求，社会工作都与基层治理能力现代化存在着一致性和契合性，双方互为因果，相互促进。

第二节　社会工作提升重层结构中治理能力的不足

社会工作在基层治理能力现代化中与治理能力提升的价值理念、目标定位和实践逻辑等方面都存在契合一致之处，能在推动基层治理能力现代化中发挥极大的积极作用。但在现实中，社会工作受限于多种条件无法充分发挥自身优势，在提升重层结构中治理能力方面存在不足。

一、社会工作机构行政化制约专业化效能发挥

中国社会工作的开展是一种政府主导的行政化的发展模式[③]，在推动、支

---

① 马丽，张国磊. 社会工作本土化的逻辑理路：基于"结构—机制"视角[J]. 社会科学文摘，2021(12).

② 徐晓军，袁秋菊，汤素素. 社会工作参与社会边缘人群社会治理的优势与路径[J]. 理论月刊，2022(2).

③ 徐道稳. 中国社会工作行政化发展模式及其转型[J]. 社会科学，2017(10).

持、管理等方面行政化力量均发挥了举足轻重的作用。这一发展模式使社会工作的职业化制度初步形成，人才队伍和专业化水平发展较为迅速。但是，社会工作发展的行政化与专业化之间也存在张力，行政化因素过于强大也制约了社会巩固走专业化效能的发挥。

行政化发展模式必然导致行政化管理方式，社会工作机构在运作方面也开始在一定程度上被行政体制吸纳。民政部门在街道中设立的社工站普遍成为行政机构的组成部分。社工站本是协同政府履行基层社会治理和基本社会服务职责的专业机构，但是在实际运作中，社工站工作内容往往难以突出专业化和精细化服务的优势，而是优先完成行政任务，如完成基层政府设立的指标等，甚至为了自身的发展，主动参与行政性活动，迎合管理者的喜好，放弃争取社工站的自主权。这使社工站失去了原有的专业价值，令社工站变成了一般的行政机构，甚至被居委会工作人员认为"社工站只是在和我们做一样的工作"，成为完成行政事务的新"科室"。

此外，行政化过强社会工作机构在参与社区治理过程中较为依赖官方权威和政策导向，社会工作机构在财政来源方面单方面依赖政府财政，社工机构在项目申请和协议履行方面没有议价权，过低的服务价格必然会限制购买服务质量的提高，降低社会工作在提升基层治理能力方面发挥应有的作用。例如，长沙引入基层治理新主体社工站，通过购买专业的社会工作服务体系委托机构派专业社会工作人员参与治理，在社区治理过程中，他们开展活动所需要的场地活动资源、鼓励居民参与活动和在社区治理过程中链接的相关资源也需要政府的支持。因此，社会工作机构在社区治理过程中难以发挥专业服务效能。[1]

二、重层结构中协调机制薄弱化阻碍专业社会工作的深度嵌入

中国社会工作的开展是一种"嵌入性"的发展，"嵌入性"体现的是专业社会工作要实现有效发展的应然逻辑，即专业社会工作要发展，就要"嵌入"原

① 喻莎，张晓熠. 专业融合性治理：以社会工作创新基层治理体系的长沙模式[J]. 中国民政，2021(20).

有社会服务领域①。但是，现有专业社会工作的嵌入深度和广度都仍然受诸多因素的制约，这与我国行政体制中的条块分割的特征息息相关。我国作为单一制国家，在治理方式上形成了纵向垂直的条条管理以及与之并存的横向平行属地化的块块管理这两种治理方式，"条条指的是从中央到地方职能相同的部门，块块指的是职能不同的部门组成的层级政府"。②条条管理与块块管理由于运行逻辑、治理主体和目标取向等方面的不同，在实际治理中容易产生矛盾与冲突，造成条块分割、运行不畅的现象。由于社会工作机构本身也在条块分割的管理体制之下，自然也容易受到影响，其间在基层治理实践中产生的权责不清、协调困难、效率低下等问题，阻碍了社会工作的深度嵌入。

　　基层治理过程中条块分割首先造成了社会工作专业化的多头管理。社会工作在基层社区治理过程中遇到的综合性问题可能涉及公安部门、环保部门、司法部门、国土资源部门、规划部门等多部门的职责范围，虽然各部门都有自己的明确分工，但在基层治理中仍存在部分业务出现交叉现象。在这样的现状下，各个部门对政策的扶持、资源的认知和项目过程的实施难以做到步伐一致地去进行协同处理，不同的行政部门都喜欢向社工站下达任务，导致社工人员任务量增多，社工机构运作不堪重负，疲于应对。而政出多门的另一面是各部门在项目运作、财务监管等应负责任方面的弱化，各部门在基层治理过程中对遇到的综合性问题的责任模糊化，致使"多头管理"成了"多头不管"。

　　此外，社会工作在基层治理过程中不仅会遇到"多头管理"，也会碰见与之相反的空白治理。空白治理即指在基层治理实践过程中发现的新的社会问题，由于这些新的社会问题需要地方政府层层递进，逐级向上级部门反馈申请审批，过程繁杂致使信息传递出现时间差，对一些新生问题无法及时合理地做出回应，导致处理新的社会问题的治理条文或者方法尚未被及时纳入基层治理体系中。在基层治理实践中，很多有关基层社区治理法律部分仍然是

　　① 尹阿雳，赵环，徐选国. 双向嵌入：理解中国社会工作发展路径的新视角[J]. 社会工作，2016(3).

　　② 杨龙，吴涵博. 条块结构视角下国家治理单元的选择与运用[J]. 华南师范大学学报（社会科学版），2022(4).

处于一片空白的状态,需要对社区基层治理法律部分填充加色,完善基层治理协调机制,为社会工作嵌入行政体制之中提供法律保障。

三、重层结构行政运作机制的工具理性导致社会工作边缘化

工具理性是现代社会中行政组织和经济组织运作的基本逻辑,它通过功利性的手段来实现最大化的效果,尤其注重强调实践的效率。在当前我国的基层运作机制中,工具理性的特点尤为明显,但它为基层社会治理提供了较为强大的执行力的同时,也在客观上抑制了社会工作专业作用的发挥。

在工具理性运作的逻辑下,行政体制中的上级部门往往会对下级设立各种任务和指标,同时采取数量化任务分解的管理方式和物质化的评价体系,由此形成了压力型体制。在这一体制下,社会工作机构在参与基层治理时,相关的专业服务内容也被指标化,缺乏对专业化的尊重。而社会工作机构往往为了达到这些指标而疲于奔命,难以坚持原有的专业价值立场,最后容易被行政异化,无法发挥其应有的作用。不仅如此,社会工作机构作为专业的助人机构,服务的专业化、科学化和精细化本是其特色和优势,但在压力型体制下却难以适应。造成的结果就是:社会工作机构要达到各种行政机构设立的指标既不能发挥自身优势,又不如行政组织更有效率,在基层治理体系中被边缘化,制约基层治理能力的提升。一个案例是:国家禁毒办给予地方政府的目标是帮助社区戒毒社区康复工作走上制度化、常态化道路,加强巩固康复效果。由于禁毒工作与地方政府政绩挂钩,禁毒工作的评估与全市禁毒排名有关。为此,G 区禁毒办在与 H 社会工作机构洽谈服务项目时着重强调全市禁毒排名。社会工作机构在开展服务项目时,禁毒工作的评估开展流于形式,一切以提高全市禁毒排名为主要目的,忽略了当地居民对禁毒知识的实际了解情况,服务对象的康复效果,形式化地完成了禁毒社会工作服务项目。①

最后,我国在社会领域中,依旧是政府承担主体作用统揽社区事务,在基层社区治理中政府对基层治理和基层建设未能明确职责范围,常常参与过

---

① 李汝吉.禁毒社会工作服务的项目制运作研究[D].广州:华南理工大学,2020.

度。社会工作者在基层社区治理行政力量干预过强的情况下往往未能发挥自己的专业化服务。此外，政府在参与基层社区治理过程中对有关基层社区治理的行政事务界定模糊，致使社会工作者常常需要额外花费精力与时间来参与这些行政性活动，阻碍了社会工作者深度嵌入了解与熟悉基层的社区治理，压缩了社会工作者为基层社区治理提供专业化服务的时间。

四、专业社会工作者解决重层结构复杂问题的能力不足

中国社会工作在发展历程中的主要理论和实务方法均来自国外，而本土化实践做得并不充分，相应经验的缺乏导致社会工作者处理复杂问题的能力不足，未能充分发挥专业优势帮助基层社区治理解决问题。

社会工作者实践能力的不足首先体现为专业人才储备的不足。社会工作职业收入低，社会认可度不高，晋升空间窄，从外界因素来看，社会工作发展前景不明朗，大多机构管理不清晰，很多服务项目唯指标化。在机构中事务繁杂，小会不断，无力应付者自然被劝退。此外，专业督导的欠缺也是人才流失的一个重要原因。督导对新入职的社会工作者扮演着同行者和协同者的角色，督导能更深层次地挖掘社会工作者的能力，对其进行支持和鼓励，这对新入职的社会工作者来说不可或缺。此外，现有人才培养体系中存在理论知识与实务相背离的现象。高校对社会工作专业学生的培养计划多是以理论为主，而这些理论知识大多来源于西方，在具体实践的过程中有些理论与实践产生了脱节现象。不仅如此，"教育先行"的培养模式使得学生的社会工作实务时间大大减少，对社会工作实务的了解往往也停留在理论知识上，在社会工作实务过程中不能将社会工作专业的价值理念和科学的工作方法在基层社区治理中有效地结合，提供专业的服务。遇到突发情况时，往往未能在第一时间启动社区应急预案，出现了"一窝蜂"的现象。

第三节　社会工作提升重层结构中治理能力的路径

一、双向嵌入推动社会工作在基层治理的本土融合

政府主导下的社会工作发展呈现出一种弱自主嵌入的状态。在这一背景下，基层治理目前仍处于政府总揽主体，行政力量干预过强，社会工作仍处于缺乏必要的自洽空间的状态。为推动社会工作深度嵌入当前基层社会治理格局中，需要改变这种单项嵌入观，促进行政性社会工作和专业社会工作的双向嵌入，从而有效推动社会工作转型升级和本土化，在提升基层治理能力方面充分发挥自身的积极作用①。

推动专业社会工作深度嵌入行政性社会工作，首先要将专业社会工作的价值观、助人方法、助人活动等要素嵌入行政性社会工作，在基层治理中社会工作者倾听社区居民的需求，运用专业的方法与技巧，为有需要的社区居民链接资源，提供专业的社会工作服务，增加社会工作者对本土社区的熟悉程度，和社区的居民建立友好的关系，鼓舞社区居民积极参与社区活动，让社会工作在本土社区实践中彻彻底底扎根。在具体的实践层面，需要推动专业社会工作进入增量嵌入阶段，尽管仍是以行政性社会工作为主导，但是社会工作有了一定的发展空间，为行政性社会工作"锦上添花"。在此基础上，再进入深度嵌入阶段，即以专业社会工作为主导、行政性社会工作以多元的方式处于"隐形监管"的状态，从而实现双向有效嵌入。值得注意的是，从增量嵌入到深度嵌入的改变，专业社会工作在服务领域也有其短处与不足，需要在与行政性社会工作的对弈中互相促进。

此外，为了推动社会工作在基层治理的本土化，按照我国国情，将行政

---

① 尹阿雳，赵环，徐选国. 双向嵌入：理解中国社会工作发展路径的新视角[J]. 社会工作.，2016(3).

性社会工作也嵌入专业社会工作的服务领域中来。而行政性社会工作嵌入专业社会工作中的关键是党组织嵌入、人员嵌入和规则嵌入。党组织嵌入是指党组织对社区服务中心的嵌入，将社区原有的服务中心与入驻的党群服务中心组合起来，优化社区党群平台和组织建设。人员嵌入是指由专业的社会工作机构委派社工和居委会推荐的行政辅助人员共同组成社区服务中心项目团队。双方通过人员委派实现对基层社区治理的嵌入。在深入嵌入阶段，居委会主任同时是原社区工作站站长保持着隐形人员嵌入的方式，与上级部门进行积极对接。规则嵌入在社区评估过程中比较凸显。我们要在评估过程中，涉入与双方都为之配套的规则作为保障，树立社区中心和各级部门平等的关系形态，在实践中实现突破。

"双向嵌入"中的社工站发展案例：JZ 社工站①。

桑榆为老服务中心承接的省级试点项目社会工作服务站在省、市、区各级领导以及街道社区的大力支持下于 2021 年 7 月 13 日成立并开始试运营，11 月 9 日正式签约。

社工站运用 1256N 融合发展的模式回应和解决老小弱困急难愁盼的问题。通过走访调研建立服务对象需求档案库、慈善资源库，把需求和资源精准对接，为开展个案、小组和社区活动等提供了大量的资源支持；秉承社工助人自助的理念，构建心理、生理和社会三位一体的社会支持网络，为服务对象开展心理慰藉、危机干预、心理调适、亲情陪伴、社会融合等工作，从而维系和改善服务对象的社会功能；通过链接慈善资源成立了志愿者时间银行积分兑换超市，将助人自助的理念普遍推广；充分发挥社工站儿童服务站的平台优势，链接师资力量，开设爷爷奶奶一堂课、女童防性侵教育等主题活动，组织大手牵小手，一起做公益，弘扬雷锋精神；加强人才队伍建设，对驻站社工、社区工作者和社区网格长开展赋能培训，每个社区培育孵化一支专业的志愿服务队伍及社区自组织；联合 12349 助老服务公司创办社帮帮和工蚁帮，打造社工、慈善、志愿服务融合的公益慈善，为社工站和儿童服务站注入强大的力量。

---

① JZ 街道办事处社工站工作总结材料。

组织户外扩展活动并取得很好的效果。户外拓展成为老年人娱乐、休闲和提升生活质量的一种新的生活方式，拥抱自然，挑战自我，培养个人毅力、团队之间的合作精神，深受老年人的喜爱。户外拓展运动、服务特殊群体越来越吸引社工的目光，社工站链接资源、挖掘潜能，开展积极、健康的各种活动，为社会工作需求领域提供专业化、人性化的社会工作服务，满足老年人晚年生活的各种需求。截至 3 月份，处理个案工作 2 个、小组工作 4 个、社区工作 3 个，入户探访 80 户并助力核酸检测、疫苗接种等防疫工作，发动社工、志愿者 186 人次，支援 18 轮核酸检测录入工作，累计服务时长 1 488 个小时，累计服务 9.6 万人次。

二、完善社会工作与其他治理主体的联动机制

推进社会治理体系和治理能力现代化的一项重要任务就是建设社会治理共同体。完善社会工作与其他治理主体的联动机制，重塑社区格局，将多方主体纳入基层社会治理力量中，实现基层社会治理从传统的依靠政府自上而下的公共权力转变为靠社区居民自下而上主动参与。[①]

以社区为平台，社会组织为载体，社会工作专业人才为支撑构成了最初的"三社联动"机制。在这一过程中，社区公共服务水平、社会工作者的专业素质、社会组织的孵化效率等方面均得到了有效提升，在基层社区治理中发挥了积极作用，但是同时也暴露出了不少问题。[②] 包括社会力量动员不足、资源的欠缺等。为此，后续又新增了社区志愿者、社会慈善资源加入的"五社联动"来克服"三社联动"运行中暴露出的不足。"五社联动"促进了多方治理主体参与社区治理、构建了良好的社区秩序，促进了社区关系建设。[③] 但"五社联动"在运行中出现了社会力量参与社区治理未建立长效机制、社区主体间角色定位模糊等问题。多元协同治理的出现就是为了进一步优化"五社联动"。多元协同治理构建了多主体协同机制，扩大了社区关系网络，满足了社区居民

① 胡薇. 社会工作介入公共危机治理的优势与路径[J]. 中国减灾，2022(3).
② 苏爱萍. 从传统城市基层治理到现代城镇化社区发展：70 年的变迁与启示[J]. 山东社会科学，2019(11).
③ 湖北省民政厅课题组，孟志强. "五社联动"助推基层治理体系和治理能力现代化[J]. 中国民政，2021(17).

多元化的需求，强化了社区社会组织的内部管理，提高了社区居民的参与度。但是目前来看，社区自治机制以及信息联动机制等方面还有待完善。

三、服务为本夯实社会工作在重层结构中治理的专业成效

面对社会工作者处理社区治理复杂问题的能力不足，需要以服务为本增强社会工作者自身的危机处理能力来为社区提供更有益的服务。而为了增强社会工作者的危机处理能力，夯实社会工作在基层社区治理的专业成效，在新时期着力构建了以服务为本的基层治理新机制。新机制的实现围绕服务专业性、服务有效性、服务落地性三个方面来展开。

首先，通过融合社会组织、融合社工、融合社区、融合慈善社会力量、融合社会志愿者来实现社会工作服务专业性。如可依托社工服务中心，根据居民多元化需求来制订社工服务方案，以破解民生服务能力不足的难题。还可以通过政府购买服务项目，使社工站按比例配备专职社工人员。同时深入社区，为社区有需要的群体链接相关资源，为社区居民协调和解决各方面的问题。汇聚各方力量，以慈善资源配置、爱心人士募捐为主体，搭建起社会公益项目资源的供应链等。此外，通过建立社区议事组织保障服务有效性，以社区为平台，以社会工作者为支撑引入专业的社会工作服务，同时链接社区各社会组织发挥其功能，实现社区治理的专业化，促进社区互助和社区融合。如可采取定期组织召开居民协商民主议事会，对涉及社区弱势群体生活的大事小情能集体商议和集体决策。最后，以多元协同促进服务落地性。在实践中注意建立多元主体参与社会治理渠道，搭建多样化的社会治理平台，邀请党员通过民主平等、协商互动的方式，共同研究讨论区域内党的建设、生活环境改善、社会参与等方面，构建多元主体共建共治共享的基层社会治理新格局。

四、党建引领增进社会工作者的专业能力建设

在新时期基层治理能力现代化建设方面，社区党建与社会工作的联系越来越紧密，做好二者相结合的党建社会工作已经是必然选择。这不仅关系到基层治理能力的提升，而且也是增进社会工作者自身能力建设的最佳途径。

提升基层治理能力本身就要求以党建为引领，充分发挥党的群众工作优势。要求下沉基层，以群众为出发点，关注民生多层次、多元化的需求，畅通群众诉求渠道，切实解决基层治理难题，维护基层群众切身利益。积极鼓励多元主体共同参与基层社区治理，提升多方主体参与基层治理的积极性，构建共建共享的基层治理格局，所有这些都与社会工作关系紧密。以党建为核心，发挥党组织在基层社区治理中的引领作用，推进社会工作者动员社会力量的能力建设，首先可通过"党建＋社工"的模式，提升基层治理实效，将网格化基层治理转变为网络化基层治理。针对条块分割的"空白治理"和"多头管理"问题，可通过强化基层党组织的领导，下沉基层党员，合理划分网格，采用"社区党组织＋网格党支部＋楼道党小组"的网格化管理，实现小单元治理，落实"网格员"精准到人的服务责任制。建立社工考评体系，加强社工对小单元人员及住户信息的了解，提高网格化治理服务的高效性和精细性。[①] 其次，党建与社工专业化联建共建，共同促进基层社区治理。建立合理的政社合作机制，以党建为引领。发挥党的群众工作优势，针对社区的不同主体，开展多元化的服务活动，实现"社工＋N"服务。如可通过"社工＋志愿者"服务模式，合力服务困难家庭尤其是居家老人儿童的生活问题，为困难群体居民提供兜底关怀服务。还可以通过"党建＋社工＋N"模式，通过成熟的政社合作机制推动社区居民主动参与基层社区治理，增强社区党组织引领社会组织的能力，让社区多方主体参与到社区事务中来，真正实现多元主体参与基层社区共治。[②]

---

① 蔡肇颖. "党建引领＋双网双全"，提升基层治理能力[J]. 杭州（周刊），2018(14).
② 童敏，许嘉祥，蔡诗婕. 大党建与社会工作：党建社会工作实践的现代性反思[J]. 社会建设，2021(2).

第十章　重层结构中治理机制的优化路径

重层结构是独具中国特色的城市基层社会结构形态，从重层结构中发掘治理资源并应用到治理实践是实现社会治理新格局的应有之义。为此，需要从重层结构的特征入手探讨其内在的理论思路和实践逻辑，以推进人人有责、人人尽责、人人享有的社会治理共同体的整体性建构。

第一节　以培育共生互动的社区共同体意识为目标

共同体意识是维系社会成员之间关系的重要纽带，也是社区多元主体参与社区治理的强大精神动能。培育共同体意识可以从以下两个方面着手。

首先，应塑造公民的公共精神和责任意识。当前，社会转型带来的公共精神缺失和责任意识淡薄的情况普遍存在，社会成员对基层社会治理的参与更多的是被动参与或形式化参与。公共精神强调人在社会生活中的平等、参与、责任、公德、监督、民主意识。促进公共精神的生成和发展，能引导社会成员进行自我角色定位，树立正确的公共价值追求，促使他们关心并主动参与社区公共事务。为此，应在治理实践中引导社会成员厘清自己的责任与义务，不断强化"人人有责，人人尽责"的共同体责任意识，积极主动地承担自己的责任，为构建共享共建共治的社会治理共同体贡献自己的力量。公共精神尽管属于非正式制度范畴，但是其形塑却离不开正式制度的健全和引导。完善对公民自身权益的法律保护有利于鼓励公民对社会责任的承担。同时道德规范的建设也要将个人化的道德观向社会公共意识转变,让公民形成敢于担当社会责任的公共理性。此外还要积极吸收传统文化的优秀基因,将现代公共理念和责任意识与传统文化意识相联结,让前者接地气、让后者在继承中发展,共同促进发展出拥有牢固社会基础的公共精神。

其次,通过优化服务增强居民的参与意愿。在新时代基层社会治理中,应从动员式参与转向主动性参与。为此,在提供公共服务过程中应贴近社区居民的实际生活,从他们的异质性需求出发,尊重他们的多元选择和利益差异,优化社区服务质量,从而充分激发其参与意愿,共同打造和谐社区。在社区公共生活中,对社区问题要进行充分的交流和互动协商,如对社区绿化、社区治安和物业服务质量等问题的沟通处理,通过特定问题的解决,引导居民从关注个人利益转向关注集体利益。在社区的文化认同上,要贯彻和落实社会主义核心价值观,传递文明风尚,促进居民团结,增强居民对社区的归属感和认同感。社区居民参与社区治理本身就是社区共同体意识的体现,二者相辅相成,在转化之中相互促进、彼此强化。因此,无论是社区治理的诸多政策,还是社区组织的发展规划,都应将推动社区居民的参与社区治理列为重要目标和考量因素。

第二节　以完善基层党建工作为核心

党的领导是城市基层社会重层结构中治理运行的核心,也是维护基层政府公信力的重要保障。因此,党建绝不能仅仅着眼于党务工作本身,而应积极强化与重层结构中治理行为的耦合互动关系,将党建与解决基层治理难题联系起来。基层党组织要顺应潮流,创新治理实践经验,并统筹各方优势广泛发动人民群众参与社区自治。

首先,应在继承党组织基层治理智慧的基础上探索创新,增强组织力量。在中华人民共和国成立后的基层社会体制变迁中曾形成了众多联系群众的治理经验，如"发动和依靠群众，坚持矛盾不上交，就地解决"的"枫桥经验"①。"枫桥经验"是根植于坚持党的领导、群众路线和人民主体地位，发挥人民群众参与治理的主动性和创造力所积累出来的实践经验。新时代"枫桥经验"不断创新，与时俱进，更加重视基层社会的基础工作，依然在实际的基层治理工作中彰显着独特价值。在城市基层治理中要根据社区特色来形成治理经验，在借鉴中创新。为了解决基层党组织建设形式化的问题，可以采取"区域化党建"和"社区联合党建"等形式扩大党组织在重层结构中的覆盖面。遵循以行业为线的原则行事，在新经济组织和新社会组织中开展党建工作，强化党组织在基层不同行业、不同类型组织中的影响力；同时遵循以区域为块的原则，在街道、社区中建立统一的党组织体系。在完善党组织的纵向垂直组织体系的同时扩大党组织的横向整合，将党组织网络与基层社会治理紧密结合。

其次，充分整合资源和优势来回应多元化社会需求。发挥党组织在城市基层治理中的领导作用，并不只是将各种资源依附于基层党的组织，而是党组织要统筹整合可利用的社区资源来满足居民多样化的需求。党建与社区治理的结合意味着党组织也要融入社区居民的生活之中，围绕着社区服务展开自身的活动，通过各类组织中设立的党支部整合社区中各种组织力量，实现资源共享、事务共管。一方面可以充分利用社区内部力量，如设立志愿服务性质的特色党支部，推动对社区志愿者组织的发展培育和吸纳社区精英，推动社区服务力量的壮大和服务水平的提升。另一方面可以推动与社区外部的市场型主体、公益型主体和事业型主体的合作，利用社会多元机制来调动基层治理资源，形成基层组织、资金、人力等的横向整合，从而有效回应多元化的社会需求，让群众感到满意。

最后，以引导群众参与来提升治理能力建设。党组织建设最大的优势是可以破除行政科层制的局限直接深入群众生活之中，了解群众需求，解决群众问题，甚至在社区集体情感方面与群众存在着联结。为了更好地继承和发扬党组织的这一优势，党的领导就不单是自上而下地处理行政事务，而是要

---

① 卢芳霞. 从"社会管理"走向"社会治理"——浙江"枫桥经验"十年回顾与展望[J]. 中共浙江省委党校学报，2015(6).

下沉到基层社区,密切与群众进行互动,贯彻落实"一切为了群众、一切依靠群众"和"从群众中来、到群众中去"的群众路线,形成有活力的基层治理结构。社区治理的本质也是群众工作,尊重人民群众的主体地位,不仅能降低治理难度还能更好地回应他们的需求,满足居民对基层政府的期待,广泛动员人民群众参与进来,从而推动社区居民的横向互动和联结,从而有效提高基层社会自治水平和基层群众的自治能力。

第三节　以技术治理嵌入基层社会治理实践为支撑

技术治理又称技术型治理,是以信息技术为代表的新技术嵌入现有治理体制以提高治理效能的治理方式,具体要素包括"治理创新的枝节化、政府管理的数字化、治理过程的智能化、组织技术的密织化、民众权利的民生服务替代"[①]等方面。在城市基层社会的重层结构中,技术治理更多地表现为治理手段或方式的技术化,通过为治理主体提供工具性和手段性的技术支持,能极大地提升基层社会治理的精准度和效率。

从社区居民的角度来看,大量信息技术的引入为社区居民积极参与基层社会治理事务拓宽了渠道,也提供了诸多便利。传统的基层社会治理受制于政府行政体系的运作方式,容易产生脱离群众、滋生形式主义等问题。但互联网和数字技术的普及使得社区居民对各种管理信息的接受和权益诉求的反馈更加便捷,对重层结构中社会治理事务参与也更加深入。其中最为普遍的就是嵌入居民日常工作生活中的社交网络平台,这类平台使得传统政府组织与社区居民之间的时空界限和沟通成本被大大压缩,在信息共享和传播方面能变得十分迅速,甚至在某种程度上重塑了基层社会治理中的监督机制。如社区居民可以通过智能 App 自下而上地参与监督、更为积极地表达各种诉求,线上会议技术的应用可以使居民跨越空间的限制平等参与社区治理,做到公开透明。尤其是在当前的疫情防控中,通过大数据分析和 App 的使用能快速

---

① 肖唐镖. 技术型治理转向的中国实践[J]. 公共管理与政策评论,2021(5).

审核社区居民和来往人员的行程，保证了社区的公共安全。社区微信群、楼道讨论组、在线投票等方式的运用也降低了协商讨论的成本并提高了效率。当然也要注意，技术治理的化简逻辑虽然使信息传播变得更加快捷高效，但也容易在政府和社区居民之间形成"信息茧房"，对社会复杂事务的反馈也容易失真，增加基层社会运作中非确定性因素和突变型因素。在当前的信息技术深度嵌入基层社会生活的形势下，需加强对技术治理的制度供给和运作逻辑的掌握，以更好地发挥其正功能作用，减少负功能对治理绩效的影响。

从城市基层政府的角度来讲，信息化的技术也是基层政府在社会治理方面的重要帮手。技术化手段能重塑压力型政府的运作效率，运用严格的考核方式来倒逼基层政府部门来积极履行职能，提高政府服务质量。如很多基层政府采用了政务 App，借助信息平台政府在信息公开方面更加方便，同时社区居民也可以通过这些平台及时反映问题、表达诉求。政府借助大数据将社区信息更好地进行汇总归类，有效把握社区集体行动和民情民意的动向，在做出决策时，也能在数据分析的基础上做到更加科学和准确，有效减少了治理成本。此外，基层政府部门也能通过技术工具来降低横向整合的成本，更加有效地统筹社区中各种治理资源来为社区居民服务，同时，在技术工具已经深深融入基层治理体系之后，能更好地协调多元治理主体的行动，为多元联动提供了技术支撑。不仅如此，互联网、大数据、云计算、人工智能等技术的发展和引入将会促进基层社区全面向智慧社区转变，从而使基层政府能更好地为人民服务，促进公共服务质量提升，推动城市基层社会治理现代化的实现。当然，技术治理对基层政府行为来说并非全无负面影响，对技术工具的过度依赖很可能会使治理行为的选择空间变小，限制基层政府部门自主能动性的发挥。同时，社会治理本质上是对社区居民生活需求的满足，其中必然包含人文关怀的层面。但技术治理所代表的工具理性更注重效率和功利的最大化，对价值理性的忽视很可能会使基层治理行为失去温情，阻碍社会治理目标的实现。为了避免上述陷阱，一方面要更为细致地明确治理主体的职责范围和有效监督，时刻保障治理行为与社区居民的需求相契合。另一方面要加强基层治理体系的创新，通过建立能善用技术工具、规范治理行为的制度体系，利用制度创新来限制技术依赖和技术泛滥局面的出现，最终实现共建、共治、共享的基层社会中的技术治理格局。

第四节　以完善民主协商机制为保障

在城市基层社会的重层结构中，"民主协商是联结多元治理主体的基本环节，协调了各主体的治理行为"①。在目前社会治理实践中，民主协商体现出的独特优势和价值在于它能积极动员社区居民对公共事务的关注和参与，通过对规则和程序的尊重将社区居民主观性的无序的主张转变为理性的、可供实践参考的主张，最终有效解决社区迫切需要解决的问题，从而来践行社区自治理念，提升基层社区的民主自治水平。重层结构中民主协商机制应用和完善可从以下两点着手。

首先，重层结构中的协同治理需要搭建一个多元、合作、开放的平台，让参与治理的各方能充分行使自己的权利，并履行自己的职责。这一平台的搭建通过引导居民参与活动、项目和社区组织，通过宣传动员改变社区居民对公共事务漠不关心、事不关己的态度，调动社区居民的积极性、主动性，充分发扬基层民主、集思广益。对此，可以成立民主议事会、民情恳谈会等来公开公正地对居民的利益诉求进行协商处理。在这一过程中最重要的是保障居民充分参与，支持社区居民自主表达的权利和义务，相信他们有能力提出解决社区问题的合理方案，尊重对话中的多元意见，不能因为居民的身份、地位而排斥不同的意见。对参与的程序和渠道要有明确的规定，可以参考借鉴国内外在实践中行之有效的议事规则，将先进的议事理念融入基层治理实践之中，建立简单易行并行之有效的协商程序和规范，形成符合社区实际情况的协商治理机制。

其次，重层结构中民主协商要正确处理好自上而下了解社情民意与自下而上表达利益诉求的关系。在治理重心下移的过程中，要打通基层民主协商

---

① 胡小君. 民主协商与社会治理共同体建设：价值、实践与路径分析[J]. 河南社会科学，2020(9).

的"最后一公里",将民主协商与解决居民最直接、最关心、最现实的利益问题紧密结合起来。一旦形成议事结果便要及时公开决策成果,做好落实工作,并主动接受社区居民对协商结果落实的监督。对决策的每一步落实都应该及时公布并收集反馈意见,如遇到困难需要对具体步骤或方案进行调整,也要视情况再次启动协商议事会议来重新进行讨论并获得通过。对涉及方面较广、落实时间较长的公共事务的决策,要定期召开协商议事会议来跟进并监督进展情况,从而保障民主协商的结果能真正转为基层治理绩效提升的动力,形成"问题—协商—解决—反馈—完善"的良性治理体系运作机制。如北京市平谷区建立的"街乡吹哨、部门报到"机制①,即是为保证基层决策的落实效果,通过人员下行、权力下放和机制下行来破解基层一线力量薄弱的问题,建立简约高效的基层治理体系。总之,完善民主协商机制本身就是推动基层社会治理的创新,而基层社会治理机制创新也会夯实协商结果的落实,通过良性循环让人民群众的利益诉求得到充分满足并充分享受到社会发展的成果。

第五节　重视非传统治理因素在重层结构中的作用

在新时期城市基层治理格局中,重层结构的内部良性运作是实现基层治理体系和治理能力现代化的保证,是社会治理共同体的有效依托。因此,在重层结构中发掘多种治理禀赋、整合多元治理主体是城市基层社会治理创新的重中之重。在社会发展新形势、新条件下,尤其是历经新冠肺炎疫情考验,在城市基层社会的重层结构中,又出现了诸多不容忽视的新因素。首先,物业服务企业与行业的作用越来越重要。物业服务是一种融合了集体服务和公共服务双重性质的服务产品,在融入社区治理体系的过程中这种双重性质使之拥有原有社区组织所不具备的优势,尤其是在疫情等应急事件的管理中发挥了巨大的作用。在人口高度密集、利益多元化的城市社区中一旦发生各种

---

① 邹承东. 一声哨响,吹出乡村治理良方——北京平谷区探索"街乡吹哨、部门报到"工作机制[J]. 农村经营管理,2021(1).

类型的突发事件，物业公司作为规范化和市场化的主体能快速掌握信息并做出反应，这种多重性质主体在重层结构中应如何发挥作用是今后相关研究中的重要课题。其次，派出所的民政管理作用日益突出。尽管一般认为派出所作为公安系统基层组织的主要权责在警务方面，但在户口管理、流动人口管理等方面也发挥了重要作用。事实上，在中华人民共和国成立初期的城市基层建政探索中，派出所就曾一度被赋予警政合一的性质，成为城市基层社会管理的核心，只是在街道办事处成立后才将民政职能分出。在新时期城市基层社会治理中，应将派出所仍拥有的民政管理权能更好地与其他治理主体的权能联动，形成多元统筹的合力，共同促进重层结构的良性运行。最后，关注重层结构中的新兴职业群体和社区组织，建构立体化多层次的基层治理体系。新时期社会发展中涌现出了众多与社区居民常态互动的新兴职业群体，如遍布城市社区的快递人员，因其职业的特殊性质，与居民的互动、联络甚至超过基层管理人员，其在基层社会治理中的作用尚无深入研究。而社区业主委员会等社区组织也在寻求合法化的过程中不断融入基层治理体系，有效推动社区自治的实现，弥补政府在社区治理和公共服务上的"缺位"。尽管目前社区组织在角色定位、制度供给方面仍存在不足，但其发展仍是重层结构内部形塑多元主体协同机制的主要组成部分。总之，凝聚政府、社区、市场、职业人群等多元治理主体力量，在重层结构的良性运作中形成城市基层社会参与和享受社会治理成果的正向循环，才能不断推动人人有责、人人尽责、人人享有的社会治理共同体的实现。

后　记

　　当前，国家治理现代化研究浪潮风起云涌，作为这一大潮中的一朵"浪花"，本书在整个研究过程中得益于笔者延续多年的研究脉络与方向坚守。本书的两位作者均师从于吉林大学田毅鹏教授，在博士学习阶段就开始关注于东北老工业基地的单位社区治理。在多次的实地调研过程中，笔者逐步确定了将彼时方兴未艾的社区网格化治理模式作为研究方向的定位，当时对于这一新出现的基层社会管理模式，其发展前途和定位在学术界仍未形成定论。通过对于网格化管理的资料收集和实践调研，我们初步搞清了网格化管理的基本特征、对基层社会治理的影响、可能的未来发展走向等。值得注意的是，随着对网格化治理的深入研究，我们逐步发现，在实践中这一治理机制的"在地化"运作深受制度主义的约束。尤其是深受单位制这一体制化基础社会运作秩序的影响，这一制度背景不仅形塑了改革前东北地区城市基层社会的运行逻辑，同样在改革后也保持了较强的路径依赖，从而使城市基层社区呈现出国家行政力量与社区自治力量不断角力调整的新样态。

　　在更进一步深入城乡社区的调研和学理研究的基础上，我们逐步对基层社会结构、治理图景有了更为全面的认知，并逐渐明晰了城市社区"重层结构"的内在机制及表现形式，并重点研究了基于制度变迁进路、治理主体资源供给、基层行政赋权模式综合影响下的社区"重层结构"模式及其治理有效性探索。基于此，薛文龙及刘博两位作者不断深化这一领域的研究，分别关注了"重层结构"中的社区管理模式、治理主体互动方式、治理禀赋资源、社会资本状况、社区动员力量和空间治理等面向，全面深化了对社区"重层结构"

的研究深度与广度。本书正是两位作者在这一领域研究成果的总结，依托这些成果，两位作者分别获批教育部人文社科青年项目"城市社区'重层结构'的运作方式及治理机制研究"、黑龙江省哲学社会科学基金青年项目"城市网格化管理的实践模式及优化机制研究"、"'单位制'视域下黑龙江省转制国企社区治理创新问题研究"、"黑龙江省收缩型城市社区治理机制创新研究"、国家社会科学基金"收缩型城市社区治理机制创新推进路径研究"。本书正是作者在完成和深化上述项目的基础上学术写作成果的一次汇总，希望其中分析能够为当前的基层社会治理能力和治理体系现代化提供初步的理论分析工具和实践图景。

在本书内容的分工上，薛文龙撰写第一章、第三章、第四章、第五章、第九章、第十章，刘博撰写第六章、第七章、第八章，第二章内容由薛文龙、刘博共同撰写。

在全书即将出版之际，感慨一路走来，求学之时幸得导师的谆谆教诲、细心指导，又得到很多学长同门的指导帮助，感念不已。同时也感谢多年来亲人及领导同事等的支持，也感谢出版社的诸位编辑老师及校对工作人员！

时代广博，大浪淘沙，深感个人之涓埃！道阻且长，行则将至，仍需躬行于当下！

薛文龙　刘　博

2023 年 10 月 18 日